요즘 중국 젊은이들은 이렇게 말하지!

좋은 중국말
나쁜 중국말
신기한 중국말

Chinese
Factory

좋은 중국말 나쁜 중국말 신기한 중국말

2010년 4월 20일 초판 1쇄 인쇄
2010년 5월 01일 초판 1쇄 발행

지은이 | 이청화, 이승희
펴낸이 | 이종춘
펴낸곳 | 성안당
주   소 | 경기도 파주시 교하읍 문발리 출판문화정보산업단지 536-3
전   화 | 031-955-0511
팩   스 | 031-955-0510
등   록 | 1973. 2. 1. 제13-12호
홈페이지 | www.langfac.com | www.cyber.co.kr
수신자부담 전화 | 080-544-0511
내용문의 | 02-3142-0037

ISBN 978-89-315-1951-8
정가 13,800원

이 책을 만든 사람들 ──────────────
기획 | 조병희
편집 · 삽화 | 오미영 (rabble3@naver.com)
표지디자인 | 김용호
제작 | 구본철

 # 머리말

중국에서 교사생활을 할 때도 그렇게 뿌듯함을 느끼지는 못한 것 같았지만 한국에 와서 한국인들에게 중국어를 가르치면서 참 뿌듯함을 많이 느낍니다. 특히 우리 학생들이 유창하지는 못하지만 중국어로 나와 나름대로 의사를 표현할 때 스스로가 내 나라의 문화를 외국에 알리는 징검다리 역할을 하고 있구나 하는 생각을 새삼 가지게 됩니다.

내 나라의 말을 외국인에게 가르치는 일은 즐겁지만 또 힘들 때도 많습니다. 왜냐면 서로 다른 문화를 가지고 있기 때문에 문법의 차이, 언어 씀씀이의 차이, 그리고 한국인들은 영어공부를 많이 하고 있기에 중국어를 공부하면서 영어의 문법을 자꾸 응용하는 습관이 있는데, 이런 것들은 난관이 아닐 수가 없습니다. 그중에서도 학생들이 원하는 것은 실용회화인데 교과서에서는 너무 교과서적인 언어들로 구성이 되어있다는 점이었습니다. 시대는 계속 변하고 새로운 언어와 유행어들은 그 시대를 타고 속속 나오고 있습니다. 만약 선생님이 이런 유행어들을 전혀 모르고 있다든지 혹은 전혀 가르쳐주지 않는다면 좋은 선생님이 아니라고 생각합니다. 언어는 시대의 산물이기에 우리가 이런 유행을 못 좇아가면 곧 시대에서 뒤떨어진다고 볼 수 있겠습니다.

그래서 저는 학생들을 가르칠 때 수업 중에 상황에 맞춰서 요즘 중국에서 유행하는 말들을 학생들에게 가르쳐주고 또 그것을 사용해보도록 하게 했습니다. 마찬가지로 학생들도 굉장히 관심을 갖고 또 신조유행어인 만큼 더 많이 알고 싶어 하였죠. 중국의 신조어는 주로 인터넷 사용자들로부터 시작해서 유행이 되기 때문에 신조어를 만들어내는 연령층도 어리다고 봐야죠. 그리고 대부분 신조어들을 보면 기존의 단어의 뜻을 변형시킨 경우가 대부분입니다. 저는 이 책이 중국어 학습자들께 많은 도움이 될 거라고 믿어 의심치 않습니다.

끝으로 이 책을 만들면서 많은 도움을 준 북경대 왕소령, 내 친구 정애, 현주, 극동대 중국 유학생들, 사랑하는 내 동생, 조카들 그리고 끝까지 옆에서 성심성의껏 도와준 사랑하는 내 남편, 우리 엄마, 아빠 그리고 이 책을 예쁘게 꾸며주신 오미영 씨, 차이니즈 팩토리 임직원분들께 감사의 인사를 드립니다.

2010년 3월 저자 드림

이 책의 구성과 특징

|각 파트별 주제|

|본문 좌측|

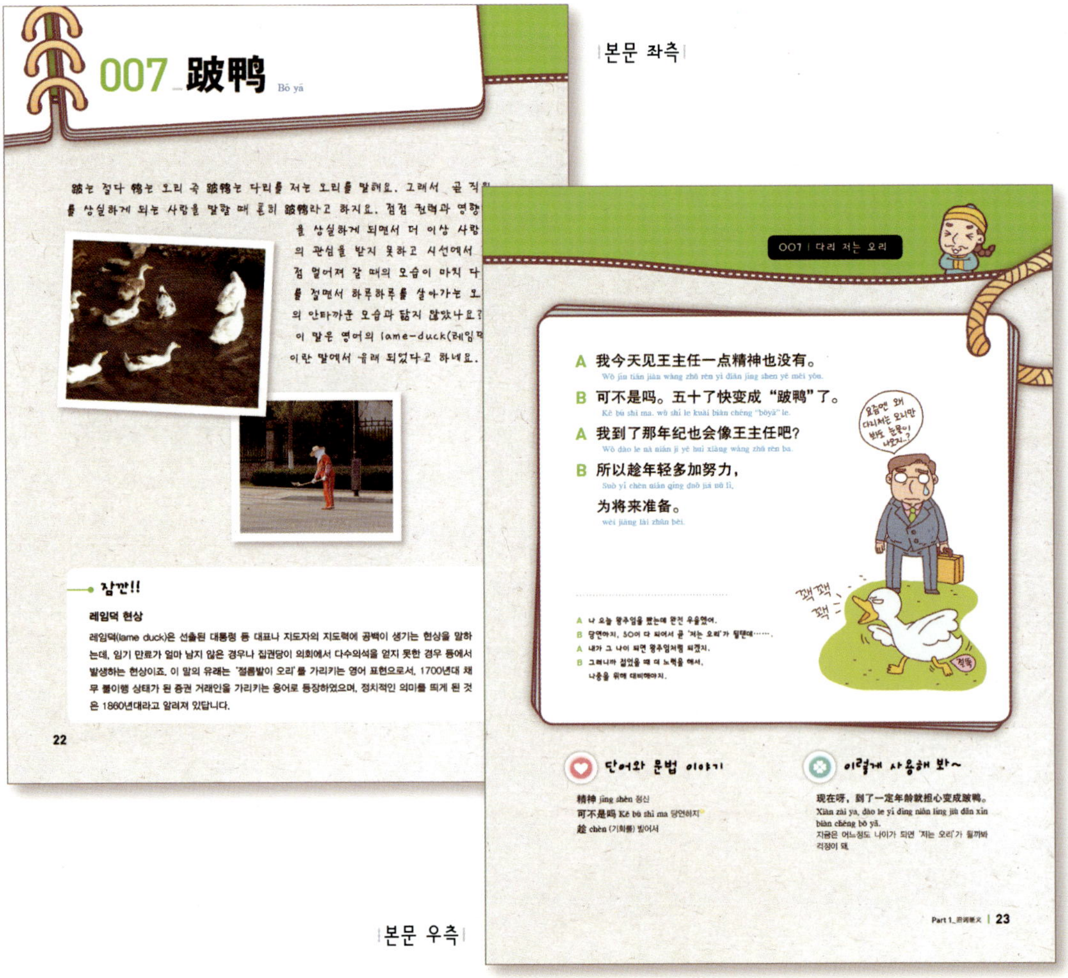

007 _ 跛鸭 Bǒ yā

跛는 절다 鸭는 오리 즉 跛鸭는 다리를 저는 오리를 말해요. 그래서 곧 직위를 상실하게 되는 사람을 말할 때 흔히 跛鸭라고 하지요. 점점 권력과 명망을 상실하게 되면서 더 이상 사람들의 관심을 받지 못하고 시선에서 점점 멀어져 갈 때의 모습이 마치 다리를 절면서 하루하루를 살아가는 오리의 안타까운 모습과 닮지 않았나요? 이 말은 영어의 lame-duck(레임덕)이란 말에서 유래 되었다고 하네요.

잠깐!!

레임덕 현상

레임덕(lame duck)은 선출된 대통령 등 대표나 지도자의 지도력에 공백이 생기는 현상을 말하는데, 임기 만료가 얼마 남지 않은 경우나 집권당이 의회에서 다수의석을 얻지 못한 경우 등에서 발생하는 현상이죠. 이 말의 유래는 '절름발이 오리'를 가리키는 영어 표현으로서, 1700년대 채무 불이행 상태가 된 증권 거래인을 가리키는 용어로 등장하였으며, 정치적인 의미를 띠게 된 것은 1860년대라고 알려져 있답니다.

22

|본문 우측|

007 | 다리 저는 오리

A 我今天见王任一点精神也没有。
Wǒ jīn tiān jiàn wáng zhǔ rèn yì diǎn jīng shén yě méi yǒu.

B 可不是吗。五十了快变成 "跛鸭" 了。
Kě bù shì ma. wǔ shí le kuài biàn chéng "bǒyā" le.

A 我到了那年纪也会像王任吧？
Wǒ dào le nà nián jì yě huì xiàng wáng zhǔ rèn ba?

B 所以趁年轻多加努力，
suǒ yǐ chèn nián qīng duō jiā nǔ lì,

为将来准备。
wèi jiāng lái zhǔn bèi.

A 나 오늘 왕주임을 봤는데 완전 무기력해.
B 당연하지. 50이 다 돼서야 곧 '저는 오리'가 될텐데……
A 내가 그 나이 되면 왕주임처럼 되겠지.
B 그래서 젊었을 때 더 노력을 해서, 나중을 위해 대비해야지.

단어와 문법 이야기

精神 jīng shén 정신
可不是吗 Kě bù shì ma 당연하지
趁 chèn (기회를) 빌어서

이렇게 사용해 봐~

现在呀，到了一定年龄就担心会变成跛鸭。
Xiàn zài ya, dào le yí dìng nián líng jiù dān xīn huì biàn chéng bǒ yā.
지금은 어느 정도 나이가 되면 '저는 오리'가 될까봐 걱정이 돼.

|각 파트별 부록|

- **현지활용** 10개의 상황을 한 개의 테마로 만들어 응용회화를 할 수 있도록 하였으며, 실제로 현지에서
  사용하는 데 무리가 없도록 했습니다.

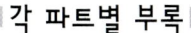

- **신조단어** 10개의 상황에서 배운 신조어들을 다시 한 번 확인하고 암기할 수 있도록 정리했습니다.
- **받아쓰기** 중국어 듣기테스트의 일환으로 '현지 활용'편을 듣고, ☐ 에 써 넣는 받아쓰기입니다.

|현지활용|

|신조단어|

|받아쓰기|

목차

Part 09 :: 성어

Part 10 :: 유행어

Part 01
旧词新义
원래의 뜻이 바뀌어 쓰이는 경우

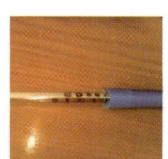

001 范跑跑
Fàn pǎo pǎo

최근 중국의 인터넷 상에서 굉장히 유행하는 말인데요, 사천성 뚜장옌꽝야학교 교사 판머이쭝을 이르는 말이죠. 2008년 사천성의 대지진을 아마 다 기억하고 있을 거예요. 지진이 났을 때 판교사는 혼자 한번 살아보자고 학생들을 죄다 버리고 혼자만 뿔이나케 도망을 가 많은 사람들에게 충격

을 안겨주었답니다. 요즘 세태가 자기의 안위만을 생각하는 이기적인 사람들이 점점 많아지면서 우리에게 많은 것을 생각하게 합니다. 중국에서는 요즘 이런 부류의 사람을 가리켜 范跑跑라고 합니다.

A 我们班里出了个"范跑跑"。
　Wǒ men bān lǐ chū le ge "fàn pǎo pǎo"

B 怎么啦？
　Zěn me la?

A 国庆阅兵训练，他溜号了。溜号就溜号吧，
　Guó qìng yuè bīng xùn liàn, tā liū hào le. Liū hào jiù liū hào ba,

　回来还在bbs上长文一篇为自己辩驳，
　huí lái hái zài bbs shàng cháng wén yì piān wèi zì jǐ biàn bó,

　说阅兵就是作秀，没意义之类。
　Shuō yuè bīng jiù shì zuò xiù, méi yì yi zhī lèi.

B 果然脑残……
　Guǒ rán nǎo cán

A 우리 반에 "판포우포"가 나왔어.
B 왜 그래?
A 국경사열훈련에서 그는 도망갔어. 그리고 돌아와서는 게시판에 자기를 변명하는 글을 열심히 쓰잖아. 사열훈련은 쇼라나 뭐라나. 의미가 없다고……
B 진짜 골때리네.

 단어와 문법 이야기

溜号 liū hào 도망가다
辩驳 biàn bó 변론하다
没意义 méi yì yi 의미가 없다
果然 Guǒ rán 과연 (진짜)

 이렇게 사용해 봐~

你可别像个范跑跑，人家看不顺眼。
Nǐ kě bié xiàng ge fàn pǎo pǎo, rén jiā kàn bu shùn yǎn.
너 판포우포 처럼 그러지마, 눈에 거슬리거든.

002_打酱油

Dǎ jiàng yóu

'간장을 사다'라는 뜻이에요. 요즘은 생활이 편해져서 마트에 가서 포장 된 간장을 사서 먹지만 예전 중국사람들은 간장이 떨어지면 병이나 통을 들고 가서 상점에서 간장을 사오곤 했답니다.

요즘에는 정치문제 등 민감한 사항이나 자기하고 무관한 일에 대해서 "난 아무 것도 몰라"하며 "통과, 날려버려" 하면서 지나쳐 버릴 때 더 많이 사용되지요. '다 지앙요우'란 말의 유래는 여러 가지 설이 있는데 그 중 한가지를 예를 들면 이래요. 광동성에서 한 시민이 인터뷰를 하는데, "艳照门에 대해서 어떻게 생각하세요?"라고 물었더니 "그게 나랑 무슨 상관입니까. 나는 간장 사러 나왔는데요"라고 대답했다고 하네요. 그 사람은 정말 간장을 사러 가는 길이었을 까요? ^^

▶ 잠깐!!

艳照门사건이란?

2008년 陈冠希(진관희)와 몇몇 여류 배우들과의 정사사진, 누드사진을 奇拿라는 중국 네티즌이 퍼뜨리면서 인터넷에 광범위하게 퍼진 사건이 처음이었고 이후 염문, 누드 관련 사진들을 艳照 라고 통칭하게 되었음.

〈C遇到A和B吵架〉
Cyù dào AhéBcǎo jià

A ! # ￥ % % ……

B *@$^#……

A (A对C) 看什么看，没见过人吵架啊！
(A DuìC) kàn shén me kàn, méi jiàn guò rén cǎo jià a!

C 谁看了，我是出来打酱油的。
Shuí kàn le, wǒshi chū lai dǎ jiàng yóu de.

〈C가 A와 B가 말싸움 하는 것을 보다〉
A !#￥%%……
B *@$^#……
A (A가 C에게 말하기를)뭘 봐 싸우는거 못봤어?
C 뭘 봤다고 그래, 난 간장사러 나온거야.

 단어와 문법 이야기

遇到 yù dào 만나다
吵架 cǎo jià 싸우다
看什么看 kàn shén me kàn 뭘 봐

 이렇게 사용해 봐~

人家是出来打酱油的，对政治没兴趣。
Rén jiā shi chū lai dǎ jiàng yóu de, duì zhèng zhì méi xìng qu.
간장사러 나왔습니다, 정치에 관심이 없다.

003_山寨

산짜이는 원래 방어용 울타리 혹은 울타리가 있는 마을을 의미합니다. 여기서 산짜이는 '해적판(짝퉁)'과 같은 의미지요. 원래 '산짜이'는 광동어에서 나왔고요, 불법 생산된 엉터리 휴대폰이 나오면서 시작되었답니다. 산짜이 현상, 산짜이 문화, 산짜이 제품 등등……

외국인들은 중국에 가면 산짜이 제품을 손쉽게 구할 수 있고 손쉽게 만들어 낼 수 있다고 생각하지요. 가끔은 저한테 중국 어디에 가면 명품 산짜이 제품을 가장 쉽게 구할 수 있냐고 묻는 사람도 있답니다. 헌테 또 다른 측면에서 생각해 보면 짝퉁이 있기 때문에 정품이 빛나는 게 아닐까요?

A 哥们儿，我这辈子估计买不起宝马了。
　　Gē mer, wǒ zhè bèi zi gū jì mǎi bu qǐ bǎo mǎ le.

B 没关系，跟哥说，哥给你山寨一辆就是。
　　Méi guān xi, gēn gē shuō, gē gěi nǐ shān zhài yí liàng jiù shi.

A 山寨也好啊。
　　Shān zhài yě hǎo a.

B 等着吧。
　　Děng zhe ba.

A 친구야, 내 팔자엔 아마 BMW는 못살 것 같다.
B 괜찮아, 형한테 말해, 형이 너에게 짝퉁 한대 사줄게.
A 짝퉁도 괜찮아.
B 기다려.

 단어와 문법 이야기

这辈子 zhè bèi zi 한평생, 일생, 팔자
估计 gū jì 아마도
宝马 bǎo mǎ BMW (차 이름)
买不起 mǎi bu qǐ (돈이 없어서) 살 수 없다

 이렇게 사용해 봐~

这辆车山寨又怎么的，反正我喜欢。
zhè liàng chē shān zhài yòu zěn me de, fǎn zhèng wǒ xǐ huan.
이 차가 짝퉁이면 어때, 어쨌든 나는 좋아.

004_充电

Chōng diàn

充电이란 바로 충전이란 뜻이지요. 아마 중국어를 조금만 공부해도 이 말을 쉽게 접할 수가 있는데요. 요즘은 充电을 원래 뜻인 충전이란 의미로도 쓰이지만 여가시간을 이용해 학교 혹은 학원에 등록해서 열심히 노력해서 자기의 부족한 부분을 채워 넣는다는 뜻으로 더 많이 쓰인답니다.

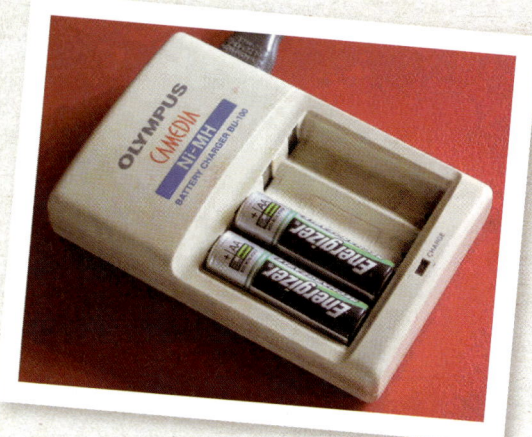

북경도서성(图书城)에 가면 30대 젊은 여성들이 북적이는데 다들 회사에서 별로 진전(进展)이 없고 중국으로 말하면 중년위기가 올 나이이기에 최종 선택한 것이 바로 도서성에 와서 자기 개발을 하는 것입니다. 요즘 한국으로 말하면 스펙을 갖추기 위한 노력과 비슷하다고나 할까요.

A 老板嫌我没文化，叫我去充充电。
Lǎo bǎn xián wǒ méi wén huà, jiào wǒ qù chōng chōng diàn.

B 你想学什么呀?
Nǐ xiǎng xué shén me ya?

A 我想学电脑，我的电脑水平太差了。
Wǒ xiǎng xué diàn nǎo, wǒ de diàn nǎo shuǐ píng tài chà le.

B 现在不会电脑不行，
Xiàn zài bú huì diàn nǎo bù xíng,

我跟你一起去报名吧。
wǒ gēn nǐ yì qǐ qù bào míng ba.

A 사장님이 나 수준 낮다고 싫어하면서 나더러 충전 좀 하래.
B 너 뭘 배울려고?
A 컴 좀 배워야지. 나 컴 수준 진짜 낮잖아.
B 요즘 컴모르면 안돼,
내가 너랑 같이 가서 등록할게.

 단어와 문법 이야기

老板 Lǎo bǎn 사장
嫌 xián 싫어하다
报名 bào míng 등록하다

 이렇게 사용해 봐~

你说咱们不充电这下可就混不下去了。
Nǐ shuō zán men bù chōng diàn zhè xià kě jiù hùn bu xià qù le.
우리가 충전을 안하면 더 이상은 살아갈 수가 없어.

005_ 下课 Xià kè

원래 下课는 수업이 끝나다라는 의미라는 것을 다들 아시죠? 학생들이 제일 좋아하는 말 중 하나는 선생님의 "下课(수업 끝!)"라는 말 아닐까요? 어떨 때는 한 시간의 수업도 정말 지루할 때가 있지요?

그런데 이 말이 스포츠 분야에선 다른 의미로 쓰이고 있어요. '~가 잘렸다' 혹은 '물러났다'라고 할 때 '~下课'로 표현을 해요. 직장 등에서 '잘리다'라는 표현을 할 때는 被炒了, 炒鱿鱼로 혹은 직위에서 물러날 때 下岗 이라는 말을 쓰지요. 결과적으로는 모두 자기가 하던 일을 그만두었을 때 쓰는 표현입니다.

A 皇马最近的战绩真差劲啊。
Huáng mǎ zuì jìn de zhàn jì zhēn chà jìn a.

B 嗯，我想它们的教练离下课不远了。
Ēn, wǒ xiǎng tā men de jiào liàn lí xià kè bù yuǎn le.

A 我真替他难过。
Wǒ zhēn tì tā nán guò.

B 常有的事嘛。
Cháng yǒu de shì ma.

A 레알 마드리드의 최근 전적이 정말 아니야.
B 응, 내 생각에 거기 감독도 이제 멀지 않았어.
A 그 감독을 생각하니 정말 안됐어.
B 자주 있는 일인데 뭐.

 단어와 문법 이야기

战绩 zhàn jì 성적
教练 jiào liàn 감독
替 tì 대신하다
难过 nán guò 슬프다
皇马 huáng mǎ (=皇家马德里 huáng jiā mǎ dé lǐ) 레알 마드리드

 이렇게 사용해 봐~

哪怕明天被下课，今天也要把任务完成。
Nǎ pà míng tiān bèi xià kè, jīn tiān yě yào bǎ rèn wù wán chéng.
내일 관두더라도 오늘은 임무를 완성해야 한다.

006_37度男

Sān shí qī dù nán

　37°C는 우리가 흔히 말하는 사람의 정상체온이지요. 그래서 37度男이란 바로 성격이 온화하고 남을 잘 배려할 줄 알며 항상 주변사람들에게 편안함을 주는 가장 적합한 상대를 말합니다. 37도 남은 일벌레도 없고, 적당한 시간에 퇴근하고, 적당한 수입에 사랑하는 사람한테도 뜨거운 사랑을 과시하지 않고, 항상 중간을 유지합니다.

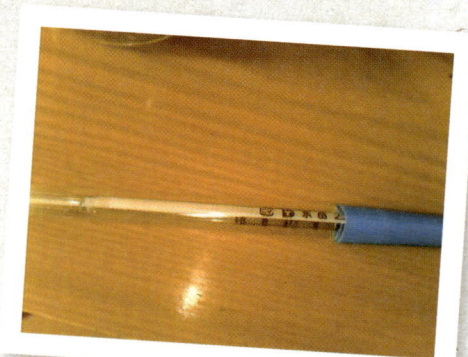

　사실 일상생활에서 남을 잘 배려하면서 항상 사이좋게 지내기란 결코 쉽지 않은 것 같아요. 37度男이 되기란 그렇게 쉬운 일은 아니겠죠?

A 找个37度男做男友该多好啊。
　　Zhǎo ge sān shí qī dù nán zuò nán yǒu gāi duō hǎo a.

B 我周围的男孩子脾气都不大好。
　　Wǒ zhōu wéi de nán hái zi pí qi dōu bú dà hǎo.

A 找个比你大好几岁的，可能更会体贴人。
　　Zhǎo ge bǐ nǐ dà hǎo jǐ suì de, kě néng gèng huì tǐ tiē rén.

B 还是你帮我找找吧，
　　Hái shi nǐ bāng wǒ zhǎo zhǎo ba,

　　你的人际关系不是很好嘛。
　　nǐ de rén jì guān xi bú shì hén hǎo ma.

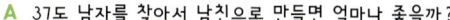

A 37도 남자를 찾아서 남친으로 만들면 얼마나 좋을까?
B 내 주위에 있는 남자들은 성격이 다들 안좋아.
A 너보다 몇 살 위를 찾아. 아마 더 사람을 편하게 할 줄 알거야.
B 아무래도 네가 좀 찾아줘 봐,
　　넌 인간관계가 아주 좋잖아.

 단어와 문법 이야기

该 gāi …

啊 a 얼마나 ~할까

体贴 tǐ tiē (사람을) 편하게 하다

人际关系 rén jì guān xi 인간관계

 이렇게 사용해 봐~

37度男多好啊，会体贴人，不让人担忧。
37dù nán duō hǎo a, huì tǐ tiē rén, bú ràng rén dān yōu.
37도 남자라면 얼마나 좋을까, 사람을 편하게 해주고 걱정도 안하게 하니까 말이야.

007 _ 跛鸭
Bǒ yā

跛는 절다 鴨는 오리 즉 跛鴨는 다리를 저는 오리를 말해요. 그래서 곧 직위를 상실하게 되는 사람을 말할 때 흔히 跛鴨라고 하지요. 점점 권력과 영향력을 상실하게 되면서 더 이상 사람들의 관심을 받지 못하고 시선에서 점점 멀어져 갈 때의 모습이 마치 다리를 절면서 하루하루를 살아가는 오리의 안타까운 모습과 닮지 않았나요? 이 말은 영어의 lame-duck(레임덕)이란 말에서 유래 되었다고 하네요.

⟩ 잠깐!!

레임덕 현상

레임덕(lame duck)은 선출된 대통령 등 대표나 지도자의 지도력에 공백이 생기는 현상을 말하는데, 임기 만료가 얼마 남지 않은 경우나 집권당이 의회에서 다수의석을 얻지 못한 경우 등에서 발생하는 현상이죠. 이 말의 유래는 '절름발이 오리'를 가리키는 영어 표현으로서, 1700년대 채무 불이행 상태가 된 증권 거래인을 가리키는 용어로 등장하였으며, 정치적인 의미를 띠게 된 것은 1860년대라고 알려져 있답니다.

A 我今天见王主任一点精神也没有。
　　Wǒ jīn tiān jiàn wáng zhǔ rèn yì diǎn jīng shen yě méi yǒu.

B 可不是吗。五十了快变成"跛鸭"了。
　　Kě bú shì ma. wǔ shí le kuài biàn chéng "bǒyā" le.

A 我到了那年纪也会像王主任吧?
　　Wǒ dào le nà nián ji yě huì xiàng wáng zhǔ rèn ba.

B 所以趁年轻多加努力,
　　Suǒ yǐ chèn nián qīng duō jiā nǔ lì,

　　为将来准备。
　　wèi jiāng lái zhǔn bèi.

요즘엔 왜 다리저는 오리만 봐도 눈물이 나오지..?

꽥꽥꽥 / 절뚝

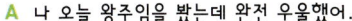

A 나 오늘 왕주임을 봤는데 완전 우울했어.
B 당연하지, 50이 다 되어서 곧 '저는 오리'가 될텐데……
A 내가 그 나이 되면 왕주임처럼 되겠지.
B 그러니까 젊었을 때 더 노력을 해서,
　　나중을 위해 대비해야지.

 단어와 문법 이야기

精神 jīng shén 정신
可不是吗 Kě bú shì ma 당연하지
趁 chèn (기회를) 빌어서

 이렇게 사용해 봐~

现在呀,到了一定年龄就担心变成跛鸭。
Xiàn zài ya, dào le yí dìng nián líng jiù dān xīn biàn chéng bǒ yā.
지금은 어느정도 나이가 되면 '저는 오리'가 될까봐 걱정이 돼.

008_炒
Chǎo

炒의 본래 뜻은 조리방법 중의 하나로 즉 볶는다는 뜻이예요. 지금은 다른 뜻으로도 쓰이는데 하나는 앞에서 설명 했듯이 해고되거나 사직 하다라는 의미로 쓰입니다. 중국어를 배우는 분들이 가끔 왜 炒鱿鱼(오징어 볶음)가 해고의 뜻이 되었나요? 라고 묻곤 하는데요. 해고되면 바로 이부자리를 말아서 집으로 향하게 되는데 그것이 마치도 오징어 볶음요리모양처럼 보이기에 炒鱿鱼가 해고의 의미가 되었었답니다.

또 다른 뜻은 수시로 변화하면서 짧은 시간에 자주 사고 팔고 하는 과정 중 이익을 얻는다는 뜻이지요. 예를 들면 '炒股'(주식을 하다)가 있지요. 요즘 중국에는 炒股붐이 일고 있지요.

A 听说，小王炒股挣了不少钱。
　　Tīng shuō, xiǎo wáng chǎo gǔ zhèng le bù shǎo qián.

B 现在都在炒股，简直是炒股风。
　　Xiàn zài dōu zài chǎo gǔ, jiǎn zhí shì chǎo gǔ fēng.

A 你也不想投点儿?
　　Nǐ yě bù xiǎng tóu diǎnr

B 我还是炒房吧，稳赚不赔的。
　　Wǒ hái shi chǎo fáng ba, wěn zhuàn bù péi de.

　　股市水太深，我没有深水证。
　　gǔ shì shuǐ tài shēn, wǒ méi yǒu shēn shuǐ zhèng.

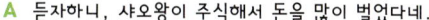

A 듣자하니, 샤오왕이 주식해서 돈을 많이 벌었다네.
B 요즘은 모두 주식이네, 완전 주식붐이야.
A 너도 투자 좀 안할래?
B 나 아무래도 부동산 투자를 할래, 안전하면서 돈을
　　떼이지는 않잖아. 주식은 위험성이 커서말야.
　　난 심수증명서가 없잖아.

 단어와 문법 이야기

简直 jiǎn zhí 완전
稳赚不赔 wěn zhuàn bù péi 안전하게 가면서 돈
을 잃지 않다
深水证 shēn shuǐ zhèng 심수(깊은 물) 증명서
※모험이 크다는 말을 농담으로 하는 말이다

 이렇게 사용해 봐~

人家炒股挣了很多钱，我也跟着炒了，
结果现在赔了不少钱。
Rén jiā chǎo gǔ zhèng le hěn duō qián, wǒ
yě gēn zhe chǎo le, jié guǒ xiàn zài péi le bù
shǎo qián.
다른 사람들이 주식을 해서 많은 돈을 벌었다기에 나
도 따라서 투자를 했더니, 결과적으로 돈을 많이 잃었
다.

009 _ 三明治人生
sān míng zhì rén shēng

三明治는 샌드위치를 말하죠. 서양인들이 원래 낙사대용으로 잘 먹는 이 샌드위치가 그들의 바쁜 삶을 상징한다면 중국에서의 샌드위치인생이라는 것은 바로 여성들이 결혼을 해서 가족이 생기고 또 일을 하면서 하루하루를 보내는 행복한 삶을 말하지요.

바로 새로운 가족과 자기 일 사이에서 만족을 하면서 달콤한 인생을 보내는 여성, 특히 80后 (80년 이후에 출생한 세대들)의 젊은 세대들의 입장에서 보면, 어느 정도 경제력이 받쳐 준다면 그런 생활은 정말 달콤하고 행복한 샌드위치인생이 맞는 것 같아요.

A 女人一结婚就开始了甜美的三明治人生。
nǚ rén Yì jié hūn jiù kāi shǐ le tián měi de sān míng zhì rén shēng.

B 什么呀? 一结婚女人家就苦了。
Shén me ya? yì jié hūn nǚ rén jiā jiù kǔ le.

A 苦什么呀? 你又有了新的家，而且也能工作，
Kǔ shén me ya? nǐ yòu yǒu le xīn de jiā, ér qiě yě néng gōng zuò,

家里的活儿分担，要不找个钟点工。
jiā lǐ de huó er fēn dān, yào bu zhǎo ge zhōng diǎn gōng.

B 其实我对婚姻是很乐观的，
qí shí wǒ duì hūn yīn shì hěn lè guān de,

但又害怕做不好。
dàn yòu hài pà zuò bu hǎo.

결혼하면 샌드위치 인생이 시작될 줄 알았는데…

A 여자는 결혼을 하면 바로 달콤한 샌드위치 인생이 시작되는거야.

B 뭐야? 결혼만 하면 여자는 힘들어 지는거야.

A 뭐가 힘들어? 너는 새로운 가정도 생기고, 일도 할수 있고,
집안 일은 분담하고, 아니면 가사도우미 부르면 되잖아.

B 난 결혼에 대해 항상 낙관적인데,
또 다른 한편으로는 잘 못할까봐 두려워.

 단어와 문법 이야기

甜美 tián měi 달콤하다
分担 fēn dān 분담하다
其实 qí shí 사실
乐观 lè guān 낙관적이다
钟点工 zhōng diǎn gōng 시간제로 일하는 (가사 등) 도우미

 이렇게 사용해 봐~

都说女人一结婚就是三明治人生的开始，
我看那得见什么样的老公。
Dōu shuō nǚ rén yì jié hūn jiù shi sān míng
zhì rén shēng de kāi shǐ, wǒ kàn nà děi jiàn
shén me yàng de lǎo gōng.
다들 여자는 결혼하면, 샌드위치인생의 시작이라고 하
는데 내가 보기에는 어떤 남편을 만났는가에 따라 결
정된다.

010_冰点
bīng diǎn

冰点은 얼음케잌이라는 뜻인데요, 아주 시원하고 달콤한 맛있는 케잌이지요. 특히 젊은이들한테 인기가 그야말로 '짱'입니다. 남친들은 여친 생일 때 얼음케잌을 사서 생일을 축하해주죠. 일반케잌보다 좀 더 비쌉니다.

중국의 冰点店에 가면 젊은이들로 북적이는데, 이 달콤한 얼음케잌이 요즘에는 그 뜻이 바뀌어 별로 주목을 못 받고 무시당하는 사물을 칭하는 말로 많이 유행을 하고 있답니다. 사람이나 물건이나 왜 자주 안쓰거나 혹은 거의 안쓰는 것이 있죠. 이때는 "얼음케잌신세가 되었네", "걔는 완전 얼음케잌이지" 이런 식으로 표현을 할수 있죠.

A 自从买了电子词典以后我的厚厚的词典就成了冰点了。
Zì cóng mǎi le diàn zi cí diǎn yǐ hòu wǒ de hòu hòu de cí diǎn jiù chéng le bīng diǎn le.

B 现在都用电子词典，要么在网上搜索，
Xiàn zài dōu yòng diàn zi cí diǎn, yào me zài wǎng shàng sōu suǒ,

有时用词典觉的很麻烦。
yǒu shí yòng cí diǎn jué de hěn má fan.

A 虽然是变成了冰点，跟了我好几年了
suī rán shi biàn chéng le bīng diǎn, gēn le wǒ hǎo jǐ nián le

我还很舍不得扔掉。
wǒ hái hěn shě bu de rēng diào.

B 别扔了，有时还很必要的。
Bié rēng le, yǒu shí hái hěn bì yào de.

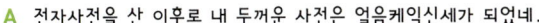

A 전자사전을 산 이후로 내 두꺼운 사전은 얼음케익신세가 되었네.
B 지금 다들 전자사전을 쓰고 아님 인터넷에서 검색을 하지.
어떨 땐 사전을 찾는게 귀찮아.
A 찬밥신세가 됐어도 나랑 오래 같이 지내다보니
버리기는 정말 아까워.
B 버리지마. 어떨 땐 매우 필요해.

 단어와 문법 이야기

搜索 sōu suǒ 검색하다
舍不得 shě bu de 아쉽다
必要 bì yào 필요하다

 이렇게 사용해 봐~

以前用过的好多东西现在都成了冰点，
但还是舍不得扔掉。
Yǐ qián yòng guò de hǎo duō dōng xi xiàn zài dōu chéng le bīng diǎn, dàn hái shi shě bu de rēng diào.
예전에 쓰던 많은 물건들이 지금은 쓰지 않고 있지만 그래도 버리기는 참 아깝다.

중국인처럼 떠들어 볼까?

A 女人一结婚啊，就开始了她们的"三明治人生"。
Nǚ rén yì jié hūn a, jiù kāi shǐ le tā men de sān míng zhì rén shēng.

B 怎么会呢? 我结婚的朋友都说一结婚就成"冰点"了。
Zěn me huì ne? wǒ jié hūn de péng you dōu shuō yì jié hūn jiù chéng bīng diǎn le.

A 嗯，什么样的婚姻得看你找什么样的老公。我妈说要找个像
ēn, shén me yàng de hūn yin děi kàn nǐ zhǎo shén me yàng de lǎo gōng. Wǒ mā shuō yào zhǎo ge xiàng

我爸这样"37度男"，女人的幸福生活才有保障。
wǒ bà zhè yàng 37dù nán, nǚ rén de xìng fú shēng huó cái yǒu bǎo zhàng.

B 那太难了。很多人一到40多岁就担心变成跛鸭，担心会下课。
Nà tài nán le. Hěn duō rén yí dào 40duō suì jiù dān xin biàn chéng bǒ yā, dān xin huì xià kè.

A 不是年龄大了就要下台，我们现在工作实绩不好也得被炒。
bú shì nián líng dà le jiù yào xià tái, wǒ men xiàn zài gōng zuò shí jì bù hǎo yě děi bèi chǎo.

B 所以，现在不能只顾着玩，业余时间也应该去补习班充充电才是啊。
Suǒ yǐ, xiàn zài bù néng zhǐ gù zhe wán, yè yú shí jiān yě yīng gāi qù bǔ xí bān chōng chōng diàn cái shì a.

A 我们还是说个开心的事情吧。你看我新买的手机。
Wǒ men hái shì shuō ge kāi xin de shì qing ba. nǐ kàn wǒ xin mǎi de shǒu jī.

B 挺好看的，不过一看就是山寨版。
Tǐng hǎo kàn de, bú guò yí kàn jiù shì shān zhài bǎn.

A 不会吧?
bú huì ba?

B 听我的没错，快去退了吧。
Tīng wǒ de méi cuò, kuài qù tuì le ba.

A 这可是在百货商店买的。
Zhè kě shì zài bǎi huò shāng diàn mǎi de.

B 现在啊，百货商店的东西也不能全信的。
Xiàn zài a, bǎi huò shāng diàn de dōng xi yě bù néng quán xìn de.

단어정리

- 婚姻 hūn yin 혼인
- 老公 lǎo gōng 남편
- 保障 bǎo zhàng 보장하다
- 担心 dān xin 걱정하다
- 退 tuì 환불하다
- 全信 quán xìn 모두 믿다

회화해석

A 여자는 결혼하면 샌드위치 인생이 시작되는거야.

B 뭐야? 내 친구들은 모두 결혼하면 아이스크림 케익 신세가 된다는데.

A 어떤 남자랑 결혼했는가를 봐야지. 우리 엄마가 그러는데 우리 아빠 같은 37도남자를 찾아야 여자의 행복이 보장되는거래.

B 그건 너무 어려워. 많은 사람들이 40세가 넘으면 '저는 오리' 가 되거나 '짤리게' 될까봐 걱정되지.

A 나이가 많다고 잘리는건 아니지. 우리도 실적이 안좋으면 잘리는거야.

B 그래서 지금 틈만나면 놀기만 할게 아니라 시간나면 학원가서 충전을 해야 돼.

A 우리 기분좋은 얘기 하자. 봐 새로 산 내 핸드폰이야.

B 진짜 예쁘네. 근데 딱 봐도 짝퉁이야.

A 설마?

B 내 말들어. 가서 환불해.

A 이거 백화점에서 산거야.

B 지금은 백화점에서 산 물건도 다 믿을 수는 없는거야.

- **范跑跑** fàn pǎo pǎo | 자기의 이익과 안위만을 생각하는 사람

- **打酱油** dǎ jiàng yóu | 정치나 어떤 민감한 문제를 회피할 때 쓰는 말

- **山寨** shān zhài | 모조품, 짝퉁

- **充电** chōng diàn | 자기의 부족한 부분을 공부해서 채워넣다

- **下课** xià kè | 직업을 잃다 (프로팀 감독 등)

- **37度男** 37dù nán | 직업이나 모든 것이 안정된 성숙된 남자

- **跛鸭** bǒ yā | 곧 직위를 상실하다. 레임덕

- **炒** chǎo | 잘리다, 해고되다

- **三明治人生** sān míng zhì rén shēng | 결혼한 여성의 행복한 삶

- **冰点** bīng diǎn | 별로 주목을 못받고 무시당하다

- **早恋** zǎo liàn | 아침 단련

- **小泉** xiǎo quán | 소변

- **爱国** aì guó | 하는 일이 사리에 맞거나 착실하다. 혹은 영어를 잘 못하다

- **短路** duǎn lù | 무감각하고 유머감각이 없다

- **潜水艇** qiǎn shuǐ tǐng | 무식하다

- **打太极拳** dǎ tài jí quán | 거절하다, 책임을 회피하다

- **草莓族** cǎo méi zú | 부모의 과잉보호 속에서 자라난 아이들

A 女人一结婚啊，就开始了她们的"三明治人生"。

B 怎么会呢？我结婚的朋友都说一结婚就成" [1)_____] "了。

A 嗯，什么样的婚姻得看你找什么样的老公。我妈说要找个像我爸这样

"37度男"，女人的幸福生活才有 [2)_____] 。

B 那太难了。很多人一到40多岁就担心变成 [3)_____] ，担心会下课。

A 不是年龄大了就要下台，我们现在工作实绩不好也得被 [4)_____] 。

B 所以， 现在不能只顾着玩，业余时间也应该去补习班充充电才是啊。

A 我们还是说个开心的事情吧。你看我新买的手机。

B 挺好看的，不过一看就是 [5)_____] 。

A 不会吧？

B 听我的没错，快去退了吧。

A 这可是在百货商店买的。

B 现在啊，百货商店的东西也不能全信的。

....

정답

1) 永远 2) 保障 3) 跳槽族 4) 炒鱿鱼 5) 山寨机

32

Part 02
日常生活
일상생활

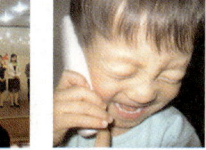

011_闪玩 Shǎn wán

나이가 비슷하고 취미가 비슷비슷한 젊은이들이 인터넷상에서 약속하고 제일 빠른 교통수단을 이용해서 다른 도시로 갔다가 24시간 내로 다시 각자 생활로 돌아오는 것을 말합니다. 闪玩은 24시간 내에는 각자의 생활로 돌아와야 한다는 것이 핵심이지요.

그리고 그런 사람들을 闪玩族이라고 하고요, 이는 뒷부분에서 구체적으로 설명되는 驴友(여행의 동반자)와는 다른 뜻이지요.

A 我昨天打电话怎么一天关机了?
Wǒ zuó tiān dǎ diàn huà zěn me yì tiān guān jī le.

B 啊! 昨天几个闪玩族去了天津了。
A! zuó tiān jǐ ge shǎn wán zú qù le tiān jīn le.

A 他们都是北京人吗?
Tā men dōu shi běi jīng rén ma?

B 就一个是北京人,
Jiù yí ge shi běi jīng rén,

其他都是外地的。
qí tā dōu shi wài dì de.

A 내가 어제 전화했는데 왜 전화기를 하루종일 꺼놨어?
B 아! 어제 우리 몇몇 애들이 같이 천진 갔어.
A 그들 모두 북경 사람들이니?
B 아니, 나 혼자만 북경사람이고 나머지는 모두
다른 지방 사람들이야.

 단어와 문법 이야기

其他 qí tā 기타
外地 wài dì 다른 지방

 이렇게 사용해 봐~

闪玩也是年轻一时, 趁着多享受生活吧。
Shǎn wán yě shi nián qīng yì shí, chèn zhe duō xiǎng shòu shēng huó ba.
노는것도 젊을 때 한때니, 젊었을 때 맘껏 즐겨라。

012 吃青春饭
Chī qīng chūn fàn

吃青春饭은 젊음 한때만이 가질 수 있는 직업으로 돈을 벌어서 생계를 유지하는 것을 말하지요. 원래는 여성에게만 해당된 말이었는데 요즘은 남성에게도 쓰입니다. 스포츠스타, 스튜어디스나 아이돌그룹 멤버들은 모두 吃青春饭이라고 할수 있겠죠?

어떤 이들은 그런 사람들을 부러워하지 않는 사람도 있지만, 그래도 요즘 피겨선수 김연아 선수 처럼 멋지게 해낸다면 吃青春饭, 정말 할만한 것 같습니다.

A 听说小李当上空姐了。
Tīng shuō xiǎo lǐ dāng shàng kōng jiě le.

B 空姐有什么好。
Kōng jiě yǒu shén me hǎo.

A 多神气啊，每天飞来飞去，
Duō shén qì a, měi tiān fēi lái fēi qù,

去外国那么容易。
qù wài guó nà me róng yi.

B 空姐是吃青春饭的活儿，
Kōng jiě shi chī qīng chūn fàn de huó er,

年纪大了就不神啦。
nián ji dà le jiù bù shén la.

A 듣자하니 샤오리가 스튜어디스가 되었다네.
B 스튜어디스가 뭐가 좋니?
A 얼마나 신바람 나니? 매일 날라다니고
외국 나가기도 너무 쉽잖아.
B 스튜어디스는 젊음 한 때의 일이야.
나이가 되면 신바람 나는 일이 아니지.

 단어와 문법 이야기

神气 shén qì 신바람 나다
多 ··· 啊 duō ··· a 얼마나 ··· 할까

 이렇게 사용해 봐~

空姐说是吃青春饭的活儿，但不是谁都
能当上的。
Kōng jiě shuō shi chī qīng chūn fàn de huó er,
dàn bú shi shuí dōu néng dāng shang de.
스튜어디스는 젊음 한 때의 일이라고 하지만 누구나
스튜어디스가 될 수 있는 건 아니다.

013_煲电话粥

Bāo diàn huà zhōu

"煲"는 원래 광동 사투린데 오랜 시간 동안 무얼 만든다는 뜻입니다. 煲粥는 장시간 동안 천천히 죽을 쓴다는 뜻이예요. 煲电话粥란 말은 글자 그대로 풀이하면 마치 죽을 쑤는 것처럼 오래도록 전화로 수다를 떤다는 뜻이지요.

그래서 친구랑 오래 통화를 했다로 표현을 하고싶거나 여동생이랑 수다 왕창 떨었다면 모두 和朋友/妹妹煲电话粥了라고 말하면 됩니다. 오늘은 모처럼 고교동창과 수다 좀 떨어볼까요? ㅋㅋㅋ

A 你刚才跟谁煲电话粥了，我打了好多次都是占线？
　Nǐ gāng cái gēn shuí bāo diàn huà zhōu le, wǒ dǎ le hǎo duō cì dōu shi zhàn xiàn?

B 我的高中同学刚从国外回来。
　Wǒ de gāo zhōng tóng xué gāng cóng guó wài huí lai.

A 你们女孩子啊,一打开手机就开始煲电话粥。
　Nǐ men nǚ hái zi a, yì dǎ kāi shǒu jī jiù kāi shǐ bāo diàn huà zhōu.

B 不都是这样，我的这个同学是上高中的
　Bù dōu shi zhè yàng, wǒ de zhè ge tóng xué shì shàng gāo zhōng de

　时候最好的朋友。
　shí hou zuì hǎo de péng you.

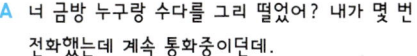

A 너 금방 누구랑 수다를 그리 떨었어? 내가 몇 번
　전화했는데 계속 통화중이던데.
B 내 고등학교 동창이 외국에서 막 돌아왔네.
A 너네 여자들은 참. 핸폰만 열면 수다가 끝날 줄 몰라.
B 모두 그런 건 아닌데, 이 친구는 내가 고등학교 때
　제일 친한 친구였어.

 단어와 문법 이야기

占线 zhàn xiàn 통화중
一…就 yì…jiù ～하자마자 곧

 이렇게 사용해 봐~

一有时间就跟朋友煲电话粥，我看你呀
真是浪费钱啊。
Yì Yǒu shí jiān jiù gēn péng you bāo diàn huà
zhōu, wǒ kàn nǐ ya zhēn shi làng fèi qián a.
시간만 나면 전화로 친구랑 수다 왕창 떠니 내 보기에
너 정말 돈을 너무 낭비하는구나.

014 翘课

Qiào kè

강의를 빼먹다는 뜻이지요. 사실 중국의 대학가에서 무단 결석하다는 의미로 旷课라고 하든지 혹은 강의를 제끼다라는 의미로 逃课라는 표현을 씁니다. 어쨌든 둘 다 강의에 참석을 안 한다는 말이겠지요.

요즘은 캠퍼스 내에서 翘课라고 표현을 하는데 逃课와 의미가 거의 비슷하다고 보면 돼요. 학생들이 왜 이렇게 翘课를 많이 하는가 알아 봤더니, 하나는 코피 터지게 입시를 마치고 대학에 들어가니 수업이 홀가분해지고 자유시간들이 많다는 것이고요. 또 하나의 원인은 교수님의 강의가 너무 재미 없어서래요. 그래도 翘课를 너무 자주하시면 안되겠죠?

A 李老师的课跷的学生最多。
Lǐ lǎo shī de kè qiāo de xué sheng zuì duō.

B 为什么?
Wèi shén me?

A 我也听过他的课,
Wǒ yě tīng guò tā de kè,

太无聊,没意思。
tài wú liáo, méi yì si.

B 那么就得跷课了。
Nà me jiù děi qiāo kè le.

A 이교수님의 수업은 빼먹는 학생들이 제일 많아.
B 왜?
A 나도 들어본 적이 있는데 너무 지루하고 재미없어.
B 그럼 당연히 달아나야지.

 단어와 문법 이야기

无聊 wú liáo 지루하다
跷 qiāo (수업을) 빼먹다

 이렇게 사용해 봐~

你怎么总跷课让别人替你上课呢?
Nǐ zěn me zǒng qiāo kè ràng bié rén tì nǐ shàng kè ne.
너 왜 맨날 수업 빼먹고 다른 사람에게 대신 강의 들으라고 그래?

015_蹭车

Cèng chē

蹭车는 차비를 내지 않고 버스나 차를 타는 것을 말하는데요. 그래서 친구 차 얻어 타고 간다고 표현을 할 때 蹭朋友的车라고 표현을 하면 됩니다.

또 蹭의 숨은 뜻을 보면 자기 돈을 아끼기 위해서 공짜로 먹고 마시고 즐기면서 돈을 내지 않는거죠. 예를 들면 蹭饭, 蹭酒같이 공짜를 좋아하는 사람은 爱蹭的人라고 합니다. 이런 사람은 정말 매력없죠?

A 每天上班都坐公交，人真多，
Měi tiān shàng bān dōu zuò gōng jiāo, rén zhēn duō,

现在又是甲流高发季节，哎……。
xiàn zài yòu shi jiǎ liú gāo fā jì jié, ài…….

B 小林不是买了一辆新车了吗？
Xiǎo lín bú shi mǎi le yí liàng xīn chē le ma?

A 对啊，怎么了？
Duì a, zěn me le?

B 小林买了新车，而且你们又住在
xiǎo lín mǎi le xīn chē, ér qiě nǐ men yòu zhù zài

同一小区，你可以去蹭她的车嘛。
tóng yì xiǎo qū, nǐ kě yǐ qù cèng tā de chē ma.

A 매일 출근시간에 버스타는데 사람도 진짜 많고,
지금 또 신종플루가 유행하는 시기고……. 아이.
B 샤오린 차 한대 뽑았잖아.
A 맞어. 근데 왜?
B 샤오린이 차를 샀고 너랑 같은 동네에 사니까
네가 걔 차 타면 되잖아.

 단어와 문법 이야기

甲流高发季节 jiǎ liú gāo fā jì jié 신종플루 증
가울이 높은 계절
小区 xiǎo qū 구역, 동네 (한국적 표현)

 이렇게 사용해 봐~

每天蹭车到处走，那样的生活也有点烦了。
Měi tiān cèng chē dào chu zǒu, nà yàng de
shēng huó yě yǒu diǎn fán le.
매일 차 얻어타고 여기저기 다니는 그런 생활도 이젠
좀 지겹다.

016_跳槽 Tiào cáo

槽는 구유라는 뜻이예요. 跳槽를 직역하면 구유를 건너뛰다라는 말입니다. 밥그릇을 건너 뛰는 것이므로 직장을 바꾼다로 의역이 됩니다. 요즘은 젊은이들 사이에 직장을 옮기다라는 뜻으로 더 많이 쓰이고 있지요.

최근 중국의 취업난은 한국 못지않게 대단하지요. 그럼에도 직장을 자주 바꾸는 사람들도 주위엔 꽤 있는 거 같아요. 상사가 괴롭혀서, 자기가 하는 업무가 전혀 만족스럽지 못해서, 급여가 맘에 안들어서…… 등등.

한 쪽에서는 취업을 못해서 전전긍긍하고 또 다른 쪽에서는 열심히 跳槽하고 세상은 참 요지경이지요?

그와 반대로 한 회사에서만 쭉 박혀서 한평생을 살아온 사람들도 있는데 그들을 卧槽族이라고 부른답니다.

A 他跳槽到了一家电子商务公司。
Tā tiào cáo dào le yì jiā diàn zi shāng wù gōng sī.

B 原来的公司他没干几个月，怎么又换工作了?
Yuán lái de gōng sī tā méi gàn jǐ ge yuè, zěn me yòu huàn gōng zuò le?

A 跟他的专业不对口，他很满意现在的工作。
Gēn tā de zhuān yè bú duì kǒu, tā hěn mǎn yì xiàn zài de gōng zuò.

B 那么他是个很幸运的人，其实很多人换来
Nà me tā shì ge hěn xìng yùn de rén, qí shí hěn duō rén huàn lái

换去还是不满意。
huàn qu hái shi bù mǎn yi.

A 걔 또 다른 전자회사로 옮겼대.

B 원래 회사도 몇 달 안 다녔는데 왜 또 옮겼대?

A 전공이랑 안 맞나봐, 걔 지금은 엄청 만족해.

B 그럼 그는 엄청 행운아네, 사실 많은 사람들이 옮겨다녀봐도
여전히 만족 못하는데 말이야.

 단어와 문법 이야기

不对口 bú duì kǒu 맞지 않다

幸运 xìng yùn 행운

 이렇게 사용해 봐~

他怎么又跳槽了，跳来跳去还不都是一样。
Tā zěn me yòu tiào cáo le, tiào lái tiào qu hái
bu dōu shi yí yàng.
걔 왜 또 직장 바꿨어, 자꾸 바꿔도 똑같잖아.

017_面霸

Miàn bà

글자 그대로 풀이해보면 '얼굴을 열심히 보여 준다' 란 뜻이에요. 요즘 아주 열심히 입사원서를 내러 다니고 여기저기 열정적으로 이력서를 집어 넣고 면접도 열심히 보고 그리고 나서 쉽게 회사와의 채용계약을 체결하기도 하고, 쉽게 계약을 파기하기도 하는 대학 졸업생이 많은데 이들을 가리키는 말입니다. 누구는 한번 만이라도 면접을 봤으면 소원이 없으련만 하는 사람도 있는데, 이런 사람들 너무 얄밉지 않아요? ㅋㅋㅋ

A 现在学校毕业求职这么难她倒挺幸运的，
　　Xiàn zài xué xiào bì yè qiú zhí zhè me nán tā dào tǐng xìng yùn de,

　　连续跟好几家大公司签约，违约。
　　lián xù gēn hǎo jǐ jiā dà gōng sī qiān yuē, wěi yuē.

B 你以为面霸是随便当的吗？她可是高学历的人才。
　　Nǐ yǐ wéi miàn bà shi suí biàn dāng de ma? Tā kě shi gāo xué lì de rén cái.

A 像我这样的平面人想就职也难啊。
　　Xiàng wǒ zhè yàng de píng miàn rén xiǎng jiù zhí yě hěn nán a.

B 你再耐心等着，地球这么大，
　　Nǐ zài nài xīn děng zhe, dì qiú zhè me dà,

　　总会有你落脚的地方的。
　　zǒng huì yǒu nǐ luò jiǎo de dì fang de.

오늘 잡힌 면접은 3건이네

저번에 합격한 회사는 안 가야지~

A 요즘 학교 졸업하고 취직하기 이렇게 어려운데 그녀는 정말 행운이네,
　　몇 몇 회사랑 연속적으로 계약하고 파기 하고 말이야.
B 네 생각에 面霸는 아무나 되는줄 아니? 그녀는 고학력에 엘리트야.
A 나와 같은 보통사람은 취직을 하려고 해도 어렵다니까.
B 인내하고 기다려봐, 지구가 이렇게 큰데
　　네가 발디딜 자리는 꼭 있을 거야.

 단어와 문법 이야기

求职 qiú zhí 구직하다
签约 qiān yuē 계약을 맺다
耐心 nài xīn 인내하다
平面人 píng miàn rén 학벌이 없는 아주 평범한
사람

 이렇게 사용해 봐~

面霸不是随便当的，但我很不赞成他们
的行为。
Miàn bà bú shi suí biàn dāng de, dàn wǒ hěn
bu zàn chéng tā men de xíng wéi.
面霸는 아무나 하는 건 아니야, 그러나 나는 그들의
행위를 찬성하지는 않아.

018_飘一代 Piāo yí dài

일반적으로 20세에서 35세 사이의 젊은이들을 가리키죠. 이들은 일정한 전문 지식과 기술을 가지고 있고 낯선 곳에 가서 일자리를 찾거나 새로운 발전을 추구하는 젊은 그룹을 말하거나, 혹은 더 나은 삶을 위해 잠시 동안 취업을 하지 않고 지내기도 한답니다.

이들은 삶이 매우 자유분방하고 자신의 성공여부에 얽매이지 않으며 금전적으로도 돈이 있으면 쓰고 없으면 또 다른 사람에게 빌려 쓰기도 한답니다. 이들은 오로지 자기자신에 대해서만 책임을 지고 자기만 행복하면 그만이라는 사고방식으로 살아가는 사람들이지요. 진짜 바람 같은 삶을 원하는 사람들 같죠?

A 飘一代的生活也很不错，这几天我真想什么
Piāo yí dài de shēng huó yě hěn bú cuò, zhè jǐ tiān wǒ zhēn xiǎng shén me

都放弃，远走高飞。
dōu fàng qì, yuǎn zǒu gāo fēi.

B 怎么你这几天有什么烦心事儿吗?
Zěn me nǐ zhè jǐ tiān yǒu shén me fán xīn shì er ma?

A 你怎么知道的?
Nǐ zěn me zhī dào de?

B 你一向是很乐观的人，你突然这么想，
Nǐ yí xiàng shì hěn lè guān de rén, nǐ tū rán zhè me xiǎng,

一定有什么心事。
yí dìng yǒu shén me xīn shì.

A 飘一代의 생활도 진짜 괜찮다. 요즘 나는 정말 모든 걸 버리고 멀리 떠나고 싶어.

B 왜 너 요즘 뭐 답답한 일 있어?

A 어떻게 알았지?

B 넌 항상 낙천적인 사람이잖아. 네가 갑자기 이러는건 분명 뭔 일이 있는거야.

 단어와 문법 이야기

放弃 fàng qì 포기하다
烦心 fán xīn 번거롭다
一向 yí xiàng 항상, 쭉

 이렇게 사용해 봐~

追求飘一代的生活，那都是年纪小的时候，年纪大了想得多，也就放弃得多。
Zhuī qiú piāo yí dài de shēng huó, nà dōu shì nián jì xiǎo de shí hou, nián jì dà le xiǎng de duō, yě jiù fàng qì de duō.
飘一代의 생활을 추구하는 것도 다 젊기 때문이야, 나이를 먹게 되면 생각도 많아지고 포기하는 것도 많아지지.

019_公司驻虫

Gōng sī zhù chóng

이전에 많은 외국인들이 중국에 가면 중국인은 참 느긋하고 여유가 있다는 말을 많이 하기도 했지요. 하지만 이젠 그것도 옛말이 되었지요.

요즘의 중국은 경쟁이 매우 치열하고 기업체 내에도 능력 있는 젊은 인재들로 넘쳐 난답니다. 하여 公司驻虫들이 점점 많아지고 있는데요, 이것은 일 벌레, 회사 벌레란 뜻입니다. 工作狂이라는 말도 있는데 이는 公司驻虫의 일반적 용어라고 보면 됩니다.

이들은 회사에서 열심히 일만하며 심지어 회사 주위에서 맴돌면서 그 주위에서 식사도 하고, 운동도 하고, 그리고 휴식, 오락에 사랑 조차도 모두 회사와 그 근처에서 하는 대부분 화이트칼라 회사원들입니다. 참 특이한 사람들이죠?

A 早知道你是公司驻虫，我就不理你了，
Zǎo zhī dào nǐ shi gōng sī zhù chóng, wǒ jiù bù lǐ nǐ le,

你看你都迟到半个小时了，我现 在又冷又饿。
nǐ kàn nǐ dōu chí dào bàn ge xiǎo shí le, wǒ xiàn Zài yòu lěng yòu è.

B 真对不起，快下班的时候韩国客户来访问，
Zhēn dùi bu qǐ, kuài xià bān de shí hou hán guó kè hu lái fǎng wèn,

我得接待他们。
wǒ děi jiē dài tā men.

A 你们公司就你一个职员吗？
Nǐ men gōng sī jiù nǐ yí ge zhí yuán ma?

B 不是，不过就我一个会韩国语。
Bú shì, bú guo jiù wǒ yí ge huì hán guó yǔ.

A 네가 일벌레라는 걸 진작 알았으면 난 널 안만났을거야…….
봐 넌 30분이나 늦었잖아. 춥고 배고프단 말야.

B 정말 미안해. 막 퇴근하려고 할 때 한국손님이 왔어,
내가 그 사람들을 접대해야지.

A 너희 회사에 직원이 너 혼자야?

B 아냐, 하지만 나만 한국어 할 줄 알잖아.

 단어와 문법 이야기

不理 bù lǐ 아는체 하지 않다
接待 jiē dài 접대하다

 이렇게 사용해 봐~

人家节假日都回家了，我家远回不了，
只能当个公司驻虫了。
Rén jiā jié jià rì dōu huí jiā le, wǒ jiā yuǎn
huí bu liǎo, zhǐ néng dāng ge gōng sī zhù
chóng le.
다른 사람들은 휴일에 모두 집에 갔는데 나는 집이 멀어서 갈 수 없어서 할 수 없이 일벌레가 되는 수 밖에.

020_车奴

Chē nú

오늘날 중국 국민들의 생활수준이 상당히 높아짐에 따라 국민들의 허영심도 같이 커지고 있는 듯 하죠. 사람들이 예전에는 대중교통을 주로 이용했는데 요즘은 자가용이 점점 많아지고 있어요.

특히 허영심에 들뜬 많은 젊은이들은 먹지 못하고 입지 못해도 무작정 대출을 받아서 차를 사거나 집을 사기도 한답니다. 车奴나 房奴는 바로 이런 사람들을 말하는데 '차의 노예', '집의 노예'라는 뜻입니다.

A 听说小李买车了。
Tīng shuō xiǎo lǐ mǎi chē le.

B 他刚买房子，还买车他可真有钱啊。
Tā gāng mǎi fáng zi, hái mǎi chē tā kě zhēn yǒu qián a.

A 有什么呀， 都是贷款买的，那也行，
Yǒu shén me ya, dōu shi dài kuǎn mǎi de, nà yě xíng,

他的月薪高一点，能付得起。
tā de yuè xīn gāo yì diǎn, néng fù de qǐ.

B 现在车奴，房奴越来越多了，
Xiàn zài chē nú, fáng nú yuè lái yuè duō le,

也跟着出现了住车族。
yě gēn zhe chū xiàn le zhù chē zú.

A 듣자하니 샤오리가 차 샀다면서.

B 걔는 집사고 바로 차 사고 진짜 부자네.

A 부자는 무슨. 모두 대출 받아서 산건대. 하긴 그래도 되지,
걔 월급 많이 받으니까, 상환할 수 있지.

B 최근 车奴, 房奴가 점점 많아지고 있어. 거기에 차에서
생활하는 사람도 생겼지.

 단어와 문법 이야기

贷款 dài kuǎn 대출
月薪 yuè xīn 월급
住车族 zhù chē zú 차에서 사는 족

 이렇게 사용해 봐~

我也想加入车奴一族，但现在手头太紧了。
Wǒ yě xiǎng jiā rù chē nú yì zú, dàn xiàn zài shǒu tóu tài jǐn le.
나도 차를 갖고 싶은데 지금은 수중에 돈이 너무 없다.

A 我看金妍儿是个"非常"女孩儿。
Wǒ kàn jīn yán ér shì ge "fēi cháng" nǚ hár.

B 但她们是吃青春饭的人。年纪大了就不能出场了。
Dàn tā men shì chī qīng chūn fàn de rén.nián jì dà le jiù bù néng chū chǎng le.

A 可是她们现在很有名气啊，这就很令人羡慕了！
Kě shì tā men xiàn zài hěn yǒu míng qì a,zhè jiù hěn lìng rén xiàn mù le!

B 不要羡慕了，你想想自己的未来吧。跳槽两个多月了，现在有什么打算？
bú yào xiàn mù le,nǐ xiǎng xiǎng zì jǐ de wèi lái ba.tiào cáo liǎng ge duō yuè le,xiàn zài yǒu shén me dǎ suan?

A 我快毕业的时候可是个"面霸"。怎么现在没一个公司要我呢？
Wǒ kuài bì yè de shí hou kě shì ge "miàn bà". zěn me xiàn zài méi yí ge gōng sī yào wǒ ne?

B 你呀，学生的时候总是爱跷课刚毕业还追求什么"飘一代"的生活，整天
Nǐ ya,xué sheng de shí hou zǒng shì ài qiāo kè gāng bì yè hái zhuī qiú shén me "piāo yí dài" de shēng huó, zhěng tiān

"蹭车"到处流浪。
"cèng chē" dào chù liú làng.

A 我这回就职会变成"公司驻虫"的。
Wǒ zhè huí jiù zhí huì biàn chéng "gōng sī zhù chóng" de.

B 以后上班可不要再办公室里和朋友煲电话粥了。
Yǐ hòu shàng bān kě bú yào zài bàn gōng shì li hé péng you bāo diàn huà zhōu le.

A 不了，但一上班我会买一辆车子的。
Bù le, dàn yí shàng bān wǒ huì mǎi yí liàng chē zi de.

B 呵呵，你也这么快就要加入"车奴"一族？
Hē he, nǐ yě zhè me kuài jiù yào jiā rù "chē nú" yì zú?

A 哈哈！
Hā ha!

회화해석

A 내 생각에 김연아는 정말 대단한 아이야.

B 그런 사람들은 모두 젊음 한 때야. 나이 먹으면 출전하기 힘들지.

A 그러나 유명하잖아. 그것만 해도 부럽지.

B 부러워 말고 네 미래나 생각해. 회사 나온지 2개월 짼 데 무슨 계획 있어?

A 졸업할 때는 내가 '面霸' 였는데 지금은 왜 나 오라는 회사가 없을까?

B 네가? 학교다닐 때 맨날 수업 빼먹고 무슨 바람 같은 삶을 산다고 매

일 차 얻어타고 여기저기 쏘다니더니.

A 나 이제 취직만 되면 일벌레가 될거야.

B 회사 들어가면 제발 더 이상은 회사에서 친구랑 전화수다 좀 떨지마.

A 안 그럴거야. 헌데 취직만 하면 차 한대 바로 뽑을 거야.

B 허허, 너 이렇게 빨리 '车奴' 족이 되는거야?

A 하하.

새로 생긴 단어를
알아보자!

- **闪玩** Shǎn wán ┃ 젊은이들이 만남을 약속하고 다른 도시로 놀러갔다가 24시간 내로 돌아오다
- **吃青春饭** chī qīng chūn fàn ┃ 젊음 한 때 반짝 돈을 벌다
- **煲电话粥** bāo diàn huà zhōu ┃ 오랫동안 전화를 하다
- **跷课** qiāo kè ┃ 수업을 빼먹다
- **蹭车** cèng chē ┃ 차를 공짜로 타다
- **跳槽** tiào cáo ┃ 직장을 나가다
- **面霸** miàn bà ┃ 이력서를 넣고 면접보고 계약하고 계약파괴하고를 반복하는 사람
- **飘一代** piāo yí dài ┃ 자유스러운 생활을 하는 부류(바람 같은 삶을 원하는 사람)
- **公司驻虫** gōng sī zhù chóng ┃ 일벌레, 회사벌레
- **车奴** chē nú ┃ 많은 대출을 받아서 차를 사는 사람
- **拔份** bá fèn ┃ 수단과 방법을 가리지 않고 자기의 위신과 지위를 높이는 것을 말함
- **西红柿** xī hóng shì ┃ 1.영광 2.대학교 4학년학생
- **非常** fēi cháng ┃ 비상하다, 대단하다(형용사)
- **艳照门** yàn zhào mén ┃ 누드사진
- **好好学习 天天向上** hǎo hāo xué xí tiān tiān xiàng shàng ┃ 〈good good study, day day up〉 공부를 열심히 해서 매일 앞으로 더 나아가자
- **不三不四** bù sān bú sì ┃ 〈no three no four〉 공부를 열심히 하지 않는 학생 즉, 한국에서 말하자면 '껌 좀 씹는 아이들'을 말 할 때 많이 사용한다
- **新新人类** xīn xīn rén lèi ┃ 20세기 80년대 후에 태어난 세대들을 말한다
- **拼客** pīn kè ┃ 공동체 생활을 하면서 어떤 일을 하거나 어떤 활동을 하다, 함께 소비하고 밥 먹고 방을 같이 쓰면서 그 비용을 같이 지불하다
- **曝光** bào guāng ┃ 은밀한 어떤 일이나 사람을 다른 사람 앞에 까발려 놓다
- **考霸** kǎo bà ┃ 열심히 여러 종류의 시험을 보고 그 시험 결과는 항상 우수한 사람을 말한다
- **月老族** yuè lǎo zú ┃ 월초에는 돈이 좀 있으니 그 돈을 다 쓰고 월말에는 부모에게 손을 내미는 젊은 층

A 我看金妍儿是个"非常"女孩儿。

B 但她们是吃青春饭的人。年纪大了就不能出场了。

A 可是她们现在很有名气啊，这就很 [1)_____] 了!

B 不要羡慕了，你想想自己的未来吧。[2)_____] 两个多月了，现在

有什么打算?

A 我快毕业的时候可是个"[3)_____]"。怎么现在没一个公司要我呢?

B 你呀，学生的时候总是爱[4)_____] 刚毕业还追求什么"飘一代"

的生活，整天"蹭车"到处流浪。

A 我这回就职会变成"[5)_____]"的。

B 以后上班可不要再在办公室里和朋友 [6)_____] 了。

A 不了，但一上班我会买一辆车子的。

B 呵呵，你也这么快就要加入"[7)_____]"一族?

A 哈哈!

Part 03
外来新词
외국에서 온 유행어

021 猎头 Liè tóu

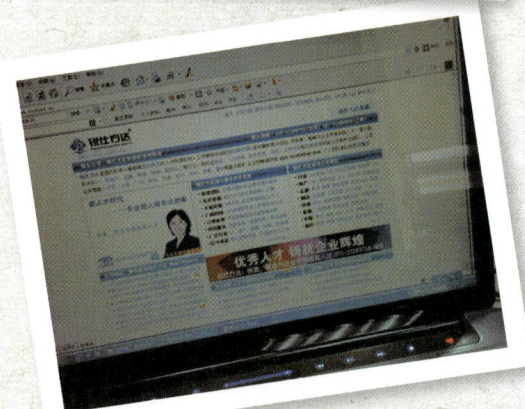

글자 그대로 해석하면 '머리를 사냥하다'는 뜻이겠죠? 猎头는 Head Hunter라는 영어로 부터 온 음역인데, 뜻인 즉 '고급인력 사냥자'라는 뜻이죠. 즉 '머리 좋은 고급인력을 사냥하다' 또는 '고급인력을 찾아내다'란 말 입니다.

말이 굉장히 직설적이죠? 중국에서 猎头公司, 猎头咨询, 猎头业务 등의 회사들을 많이 볼 수 있는데 고급인력 스카웃과 관련이 있겠죠?

A 朋友，在家做什么，出来兜兜风吧。
Péng you, zài jiā zuò shén me, chū lái dōu dōu fēng ba.

B 我回国都两个多月了，连一个公司也没回复。
Wǒ huí guó dōu liǎng ge yuè le, lián yí ge gōng sī yě méi huí fù.

A 要不你去一趟猎头公司吧。准会有好消息的。
Yào bu nǐ qù yí tàng liè tóu gōng sī ba. Zhǔn huì hǎo xiāo xi de.

B 就得想那个办法了，中国真是变化大，
Jiù děi xiǎng nà ge bàn fǎ le, zhōng guó zhēn shi biàn huà dà,

我以为留学回来就什么都好办了。
wǒ yǐ wéi liú xué huí lái jiù shén me dōu hǎo bàn le.

A 친구야 뭐하니, 나와서 바람 좀 쐬이자.
B 나 귀국한 지 두 달 되었는데 어떤 회사도 연락이 없네.
A 그럼 고급인력 채용회사로 가봐. 꼭 좋은 소식이 있을거야.
B 아무래도 그 방법 밖에 없겠어. 중국은 정말로 변화가 빠르네,
난 유학갔다 오면 모든게 잘 될 줄 알았지.

 단어와 문법 이야기

兜兜风 dōu dōu fēng 바람을 쐬이다.
连…也 lián…yě ~조차도
好办 hǎo bàn 처리하기 쉽다

 이렇게 사용해 봐~

我今天得拜访猎头公司，无业游民的生活
不能再持续了。
Wǒ jīn tiān děi bài fǎng liè tóu gōng sī, wú yè
yóu mín de shēng huó bù néng zài chí xù le.
나 오늘 猎头公司 방문 좀 해야겠다, 백수생활을 더
이상은 계속할수 없어.

022_野鹅族

Yě é zú

기러기아빠 하면 아마 한국사람들은 다 알겠지요. 따라서 野鹅族도 한국서 건너간 기러기족이라는 뜻인데 한국부모들의 지극한 자식사랑은 전세계적으로 따라올 사람이 없을 정도로 유명하죠. 아이들을 현지에서 영어를 잘 배우게 하려고 엄마와 같이 외국으로 보내고, 아빠는 한국에서 열심히 일해서 아이

의 학비나 생활비를 송금해주는 기러기아빠들 정말 대단하신 것 같아요.

그런데 요즘은 중국에서도 이런 현상들이 적지 않게 벌어지고 있답니다. 중국 부모들의 자녀교육에 대한 관심도 한국 못지 않거든요. 물론 일반 회사원들은 경제적 여건상 좀 어렵고 보통 사업을 하는 사람들이 이런 경우가 많아요.

A 恩智啊，在韩国野鹅爸爸是不是很多？
ēn zhì a, zài hán guó yě é bà ba shì bu shi hěn duō?

B 是的，我爸爸也算是野鹅族因为我妈妈和
Shì de, wǒ bà ba yě suàn shi yě é zú yīn wèi wǒ mā ma hé

我都在中国，就我爸爸一个人在韩国。
wǒ dōu zài zhōng guó, jiù wǒ bà ba yí ge rén zài hán guó.

A 你爸爸这么辛苦，你应该好好学习，对吧？
Nǐ bà ba zhè me xīn kǔ, nǐ yīng gāi hǎo hǎo xué xí, duì ba?

B 嗯，我应该努力学习，将来报答他们。
ēn, wǒ yīng gāi nǔ lì xué xí, jiāng lái bào dá tā men.

A 은지야 한국에 기러기아빠가 많지 않니?

B 응, 우리 아빠도 기러기아빠인 셈이지. 우리 엄마랑 나 모두
충국에 있고 아빠만 혼자 한국에 있어.

A 너네 아빠가 그렇게 고생하시니, 넌 당연히 열심히 공부해야지,
그렇지 않니?

B 응, 열심히 공부해서 나중에 부모님께 보답 할 거야.

 단어와 문법 이야기

算 suàn ~셈이다
报答 bào dá 보답하다

 이렇게 사용해 봐~

韩国的野鹅爸爸这么多，就因为他们都希
望孩子能说个纯正的英语。
Hán guó de yě é bà ba zhè me duō, jiù yīn
wèi tā men dōu xī wàng hái zi néng shuō ge
chún zhèng de yīng yǔ.
한국의 기러기 아빠들이 이렇게 많은 것은 바로 아이
들이 정확한 영어를 하기를 바라기 때문이다.

023_草食男
Cǎo shí nán

일본으로부터 한국, 중국으로 건너온 말인데, 기존의 남성상과 달리 감수성이 뛰어나고 자신의 취미생활에 적극적이나 이성과 연애에는 소극적인 남성을 지칭하며 연애나 결혼에 관심이 없는 편이지요. 기본적으로 자기의 개인생활은 잘 해나지만 남에게 피해는 안끼치며 초식동물마냥 온순한 남성을 가리킵니다. 이런 남성들은 좋아하는 여자를 봐도 감히 말을 못하지요.
肉食女는 이와 반대입니다. 좋아하는 남자를 보면 상당히 적극적으로 댓쉬를 하고 자기 일에도 매우 열심히 임하는 개성이 강하며 자유를 갈망하는 여성입니다.

A 小李，你昨天见的男孩子怎么样？
　　Xiǎo lǐ, nǐ zuó tiān jiàn de nán hái zi zěn me yàng?

B 别提了我最讨厌不主动的男孩子，简直是个草食男。
　　Bié tí le wǒ zuì tǎo yàn bù zhǔ dòng de nán hái zi, jiǎn zhí shi ge cǎo shí nán.

A 我想你是肉食女，草食男正配合你，
　　Wǒ xiǎng nǐ shi ròu shí nǚ, cǎo shí nán zhèng pèi hé nǐ,

　　你再见他几次面看看，不一定慢慢对他有好感。
　　nǐ zài jiàn tā jǐ cì miàn kàn kan, bù yí dìng màn man duì tā yǒu hǎo gǎn.

B 什么呀，我这个人很相信一见钟情的，
　　Shén me ya, wǒ zhè ge rén hěn xiāng xìn yí jiàn zhōng qíng de,

　　我想明天见另外一个人。
　　wǒ xiǎng míng tiān jiàn lìng wài yí ge rén.

A 샤오리. 너 어제 만난 남자 어때?

B 말도 마 난 소극적인 남자가 제일 싫어. 완전 초식남이야.

A 내 생각에 넌 육식녀니 초식남이 딱이네, 너 몇 번 더 만나봐.
　　아마 점점 좋아질거야.

B 뭐야, 난 첫 눈에 반한다는 말을 믿어,
　　내일 다른 사람 만날 생각이야.

 단어와 문법 이야기

简直 jiǎn zhí 정말
配合 pèi hé 잘 맞다
另外 lìng wài 다른

 이렇게 사용해 봐~

我看在韩国现在草食男越来越增多，就因为女人的地位越来越高了。

Wǒ kàn zài hán guó xiàn zài cǎo shí nán yuè lái yuè zēng duō, jiù yīn wèi nǚ rén de dì wèi yuè lái yuè gāo le.

내가 보기에 요즘 한국에는 성격이 온순한 남자들이 점점 증가하고 있는 것 같애. 바로 여자들의 지위가 점점 높아지고 있기 때문이야.

024_白情节

　사실 이전엔 중국의 젊은이들에게 발렌타인데이는 크게 관심을 끌지 못했죠. 더구나 화이트데이는 더더욱 그러했지요. 허나 요즘에 와서는 발렌타인데이는 기본이고요, 哈韩族(한국을 좋아하는 쪽)가 많이 생기면서 일본이나 한국으로부터 영향을 받아 중국의 연인들도 白情节(화이트데이)를 중요하게 여기고 있어요.

　이날은 그야말로 연인들의 명절이니 자기들 만의 멋진 낭만을 꿈꿔도 되겠지요?

　이외 중국에서는 칠월칠석도 情人节만큼이나 소중한 연인들의 날이라고 챙겨요^^ 그러고보니 중국에는 연인들의 날이 한국보다 더 많네요.

A 去年的白情节你是怎么过的?
　　Qù nián de bái qíng jié nǐ shi zěn me guò de?

B 我没有男朋友，只好在家过了。
　　Wǒ méi yǒu nán péng you, zhǐ hǎo zài jiā guò le.

A 你好可怜啊! 今年的白情节又想在家过吗?
　　Nǐ hǎo kě lián a! jīn nián de bái qíng jié yòu xiǎng zài jiā guò ma?

B 没办法啊，男孩子不喜欢我。
　　Méi bàn fǎ a, nán hái zi bù xǐ huan wǒ.

　　(哇! ~~~大哭)
　　(wā! ~~~dà kū)

A 작년 화이트데이 때 너 어떻게 보냈어?
B 난 남친도 없었는데 방콕할 수 밖에 없었지.
A 너 정말 불쌍하네! 올해 화이트데이 때도 방콕할 생각이야?
B 방법이 없지 뭐, 남자들이 나 안좋아 하잖아.
　　(와! ~~흑흑)

 단어와 문법 이야기

可怜 kě lián 불쌍하다
没办法 Méi bàn fǎ 방법이 없다

 이렇게 사용해 봐~

以前中国的年轻人就过情人节，现在受到韩，日的影响也过(白情节)白色情人节。

Yǐ qián zhōng guó de nián qīng rén jiù guò qíng rén jié, xiàn zài shòu dào hán , rì de yíng xiǎng yě guò (Bái qíng jié)bái sè qíng rén jié.

예전에 중국 젊은이들은 발렌타인데이만 보냈는데, 지금은 한, 일의 영향을 받아서 화이트데이도 보내고 있다.

025_ 鱼干女(干物女)
Yú gān nǚ (gān wù nǚ)

일본에서 온 말인데요. 일명 '건어물女'인테 이런 여인들은 직장 일도 아주 열심이고 또 능력도 있는 편이죠. 출근해서는 자기 일을 열심히 하고 나름 그에 대한 성취도 있고요 주말에 휴식할 때는 잘 씻지도 않으면서 쉬기만 하며, 먹고 자고 일어나선 만화책에 빠지는 그런 여성들입니다.

중국에도 '화려한 싱글'로 사는 여성들이 많아지기 때문에 이런 부류의 여성들이 점점 늘어나는 듯 싶어요. 하여간 건어물女는 평균적으로 좀 안씻는

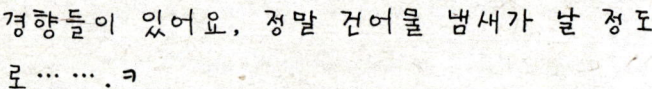

경향들이 있어요, 정말 건어물 냄새가 날 정도로…….ㅋ

A 现在呀，年龄大的单身女族越来越增多。
　　Xiàn zài ya, nián líng dà de dān shēn nǚ zú yuè lái yuè zēng duō.

B 说明她们对婚姻的态度和想法变了。
　　Shuō míng tā men duì hūn yīn de tài dù hé xiǎng fǎ biàn le.

A 所以很多单身女流行周末的时候变成鱼干女。
　　Suǒ yǐ hěn duō dān shēn nǚ liú xíng zhōu mò de shí hou biàn chéng yú gān nǚ.

B 因为平时工作压力太大，
　　Yīn wèi píng shí gōng zuò yā lì tài dà,

　　所以周末想完全属于自己。
　　suǒ yǐ zhōu mò xiǎng wán quán shǔ yú zì jǐ.

A 요즘 나이 많은 독신녀들이 점점 많아 지고 있어.
B 그녀들의 혼인에 대한 태도와 생각이 변했다는거야.
A 그래서 많은 독신녀들이 주말에 건어물녀로 변하지.
B 왜냐면 평소에 업무스트레스를 많이 받기에 주말엔 완전히
　　자기세계로 만들기 싶기 때문이야.

 단어와 문법 이야기

单身女族 dān shēn nǚ zú 독신녀들
态度 tài dù 태도
压力 yā lì 스트레스
属于 shǔ yú 속하다

 이렇게 사용해 봐~

鱼干女的生活满不错的，我个人很欣赏。
Yú gān nǚ de shēng huó mǎn bú cuò de, wǒ
gè rén hěn xīn shǎng.
건어물녀의 생활이 얼마나 좋아, 난 개인적으로 흠모
해.

026_心碎假 Xīn suì jià

사랑하는 사람과 헤어지면 상처를 크게 받아서 그날은 아무 일도 할 수 없지 않아요? 일도 손에 안 잡히고 죽고 싶은 심정뿐이고 말이죠.

그래서 일본의 모 회사에서는 연인과 헤어지면 心碎假를 준다고 합니다. 心碎, 즉 마음이 찢어지도록 아프다는 뜻인데요, '마음이 찢어질 만큼의 아픔을 치유하는 휴가'라고 말할 수 있겠죠? 중국 젊은이들 사이에도 통용되는 재미난 말이네요.

A 我想请假。
Wǒ xiǎng qǐng jià.

B 今天星期一，你没有搞错吧？
Jīn tiān xīng qī yī, nǐ méi yǒu gǎo cuò ba?

A 我想今天请个心碎假，
Wǒ xiǎng qǐng ge xīn suì jià,

我跟女朋友分手了。
wǒ gēn nǚ péng you fēn shǒu le.

B 啊？
a?

A 휴가 내고 싶어.

B 오늘 월요일이야. 너 뭔가 잘못 알고 있는거 아니야?

A 오늘 心碎假를 내고 싶어. 여친이랑 헤어졌어.

B 어?

 단어와 문법 이야기

请假 qǐng jià 휴가를 내다
搞错 gǎo cuò 잘못 알다

 이렇게 사용해 봐~

今天请个心碎假，去海边，我俩好的回忆
都想消除掉。
Jīn tiān qǐng ge xīn suì jià, qù hǎi biān, wǒ
liǎ hǎo de huí yì dōu xiǎng xiāo chú diào.
오늘 心碎假를 내서 바다에 갈거야, 우리 둘의 좋은
추억들을 몽땅 지워버리겠어.

027_NONO族

NONO zú

　많은 한국사람들은 중국인들이 씀씀이가 크다고 하죠. 손님을 청할 때는 손님이 다 먹을수 있건 없건 한상 푸짐히 차려놓고 대접하죠. 부담스러울 정도로요……. 헌데 중국사람들은 그게 문화이다보니 손님이 먹고 남아야 잘 대접한거라고 생각하죠.

　그리고 백화점에 가면 비싼 명품브랜드들이 참 많은데 중국인들이 그걸 살까?하고 못 미더워하는 경우도 있죠……. 요즘 중국인들의 생활수준이 상당히 높아지면서 씀씀이가 커진 건 사실입니다. 주머니를 털어서 혹은 신용카드로 물건을 왕창 구입하는 사람(BOBO族)이 있는 가 하면 한국의 짠순이 짠돌이 처럼 물건을 살 때 마다 모두 NONO라고 하는 사람들도 있습니다. 이렇게 매우 검소한 사람들을 NONO族이라고 합니다. 소비가 어느 정도 되어야 경기가 도는데 말이죠.

A 我要加入 NONO族。
Wǒ yào jiā rù NONO zú.

B 上学的时候花钱大手大脚，怎么自己工作了
Shàng xué de shí hou huā qián dà shǒu dà jiǎo, zěn me zì jǐ gōng zuò le

却要省钱，是不是懂事了？
què yào shěng qián, shì bu shi dǒng shì le?

A 哪儿啊，我一个月工资才1500块钱，不到半个月
Nǎr a, wǒ yí ge yuè gōng zī cái 1500 kuài qián, bú dào bàn ge yuè

就花完了，我爸说供我读大学他的任务完成了。
jiù huā wán le, wǒ bà shuō gōng wǒ dú dà xué tā de rèn wù wán chéng le.

B 你已经长大了，不能再靠父母，你爸是对的。
Nǐ yǐ jīng zhǎng dà le, bù néng zài kào fù mǔ, nǐ bà shi duì de.

A NONO族이 될래.

B 학교다닐 때도 돈을 잘 쓰던 애가 오히려 자기가 돈을 버니까 아끼려고 해,
철들었나?

A 뭘? 나 한 달 월급 천오백위안 밖에 안되는데 보름이 안돼서 다 써버려.
우리 아빠가 말하기를 대학까지 가르쳤으니 자기 할 일 다 했다잖아.

B 너도 이젠 다 컸으니, 부모에게 더 이상 의지해서는 안되지. 너의 아빠가 옳은거야.

 단어와 문법 이야기

大手大脚 dà shǒu dà jiǎo 돈을 잘 쓰다
靠 kào 의지하다

 이렇게 사용해 봐~

她家有钱不过她可是个NONO族，你看你
花钱大手大脚的。
Tā jiā yǒu qián bú guo tā kě shi ge NONO zú,
nǐ kàn nǐ huā qián dà shǒu dà jiǎo de.
그녀는 집이 잘 살아도 짠순인데 너는 왜 그리 돈을
펑펑 쓰니.

028_派对

Pài duì

派对는 영어의 파티에서 온 말인데요, 요즘 말하는 派对는 일반적인 모임이 아니랍니다. 이는 트랜드를 외치는 젊은이들의 남다른 특별한 모임인데요, 이 모임은 새로움이 있어야 하고 저녁에 모임을 가지며 밤샘을 하고 모임 참여자들은 젊을수록 좋다고 합니다. 하여간 派对는 특별함이 있어야 하지요. 그래서 어떤 이들은 호기심으로 그런 모임에 갔다가 진정한 派对가 시작되기도 전에 나오는 경우도 있는 모양입니다. 아무나 어울릴 수 있는 분위기가 아닌가 봐요.

A 今天学校对面的俱乐部开80后的派对，
Jīn tiān xué xiào duì miàn de jù lè bù kāi 80 hòu de pài duì,

你想不想去?
nǐ xiǎng bu xiǎng qù?

B 我不大喜欢那些场合，你去吗?
Wǒ bú dà xǐ huan nà xiē chǎng hé, nǐ qù ma?

A 我一次也没去过，有点好奇，
Wǒ yí cì yě méi qù guo, yǒu diǎn hào qí,

不过你不去我就不去了。
bú guo nǐ bú qù wǒ jiù bú qù le.

B 不去好，咱们还是去图书馆学习吧。
Bú qu hǎo, zán men hái shi qù tú shū guǎn xué xí ba.

A 오늘 학교 맞은 편 클럽에서 '80년 후'의 파티가 있는데 안갈래?
B 난 그런데 별로 안좋아해, 넌 가냐?
A 난 한번도 가본 적이 없어, 좀 호기심이 생겨서 말야,
근데 네가 안가면 나도 안갈래.
B 안가는 게 좋아, 우리 공부하러 도서관에나 가자.

 단어와 문법 이야기

俱乐部 jù lè bù 클럽
好奇 hào qí 호기심이 생기다

 이렇게 사용해 봐~

有几个好玩的同学组织开派对，但我一次
都没去。
Yǒu jǐ ge hào wán de tóng xué zǔ zhī kāi pài
duì, dàn wǒ yí cì dōu méi qù.
몇 명의 놀기 좋아하는 동창들이 파티를 주선하지만
난 한번도 안갔어.

029 _ 扮酷 Bàn kù

扮酷란 우리가 말하는 아주 cool해 보이게 꾸민다는 뜻이에요. cool이라는 것은 젊은이들이 옷차림은 트랜드하고 개성이 강하며 패기나 능력도 있고, 주관있는 사람을 표현할 때 쓴답니다.

그래서 扮酷해 보이기 위해서는 일정한 경제적 조건과 문화적 소양을 가지고 있으면서 돈도 잘 쓸 줄 알아야 하죠. 쿨하게 살기 쉽지 않죠?

A 现在的青少年一个比一个扮酷。
Xiàn zài de qīng shào nián yí ge bǐ yí ge bàn kù.

B 因为生活水平提高了，
Yīn wèi shēng huó shuǐ píng tí gāo le,

想要什么就有什么了。
xiǎng yào shén me jiù yǒu shén me le.

A 不过有一些青少年的打扮，很难接受。
Bú guo yǒu yì xiē qīng shào nián de dǎ bàn, hěn nán jiē shòu.

B 慢慢儿就适应了。
Màn man er jiù shì yìng le.

A 지금 청소년들은 보면 볼수록 쿨해.
B 왜냐면 생활수준이 높아져서 원하면 다 얻을수 있잖아.
A 근데 어떤 청소년들은 꾸민게 좀 아니던데.
B 좀 있음 적응돼.

 단어와 문법 이야기

提高 tí gāo 높이다
接受 jiē shòu 받아들이다

 이렇게 사용해 봐~

现在的青少年喜欢扮酷。
Xiàn zài de qīng shào nián xǐ huan bàn kù.
요즘 청소년들을 쿨하게 꾸미는 걸 좋아해.

030_人气 Rén qì

人气는 기풍과 인맥을 말하는데 일본어에서 왔다고 하네요. 한국이나 대만에서도 많이 쓰이는 말인데요, 요즘에는 대륙에서도 많이 쓰이고 있지요. 人气는 매우 환영을 받는다는 뜻으로 쓰이고 있지요.

인기짱이라는 말은 중국어로 很有人气로 표현하면 되고요, "배우 이영애는 굉장히 인기가 있지."라는 말은 "电影明星李英爱是挺有人气的。"라고 하면 되겠네요.

A 李英爱的大长今在中国很有人气。
Lǐ yīng ài de dà cháng jīn zài zhōng guó hěn yǒu rén qì.

B 不仅是大长今有人气，
Bù jǐn shi dà cháng jīn yǒu rén qi,

她这个人也是个人气派演员。
tā zhè ge rén yě shi ge rén qi pài yǎn yuán.

A 你也喜欢她吗？
Nǐ yě xǐ huan tā ma?

B 当然，除了她以外，
Dāng rán, chú le tā yǐ wài,

我还喜欢很多韩国演员。
wǔ hái xǐ huan hěn duō hán guó yǎn yuán.

A 이영애의 대장금은 중국에서 인기가 굉장하지.
B 대장금 뿐 만 아니라 사람 자체도 인기가 있잖아.
A 너도 좋아하니?
B 당연하지. 그녀 말고도 많은 한국 연예인을 좋아해.

 단어와 문법 이야기

人气派 rén qi pài 인기파
除了…以外 chú le…yǐ wài 제외하고 이외에

 이렇게 사용해 봐~

小方在我们班可有人气了，学习好，唱歌好，人也长得漂亮。
Xiǎo fāng zài wǒ men bān kě yǒu rén qì le, xué xí hǎo, chàng gē hǎo , rén yě zhǎng de piào liang.
샤오팡은 우리반에서 굉장한 인기지. 공부도 잘하지 노래도 잘하지. 거기에 예쁘게 생겼잖아.

중국인처럼 떠들어 볼까?

A 哟，打扮成这么酷，这是去哪儿啊？
　　Yōu, dǎ bàn chéng zhè me kù, zhè shì qù nǎr a?

B 去参加派对。
　　Qù cān jiā pài duì.

A 怎么不跟男友约会啦，今天是白情节。
　　Zěnme bù gēn nán you yuē huì la, jīn tiān shì bái qíng jié.

B 他可是 "NONO族"，节日的时候不能跟他在一起，他说情人节送巧
　　Tā kě shì "no no zú", jié rì de shí hou bù néng gēn tā zài yì qǐ , tā shuō qíng rén jié sòng qiǎo

　　克力是奢侈。
　　kè lì shi shē chǐ.

A 我看他年纪小， 还挺懂事的。
　　Wǒ kàn tā nián ji xiǎo, hái tǐng dǒng shì de.

B 不是懂事，是小气。
　　Bú shi dǒng shì, shì xiǎo qì.

A 不过他在朋友间可是很有人气的。
　　Bú guo tā zài péng you jiān kě shi hěn yǒu rén qì de.

B 我觉得很奇怪。
　　Wǒ juè de hěn qí guài.

A 朋友都说他是 "37度男"，都说跟他在一起，很开心。
　　Péng you dōu shuō tā shì "37dù nán", dōu shuō gēn tā zài yì qǐ, hěn kāi xin.

B 这一点我承认，因为他会体贴人。
　　Zhè yì diǎn wǒ chéng rèn , yīn wèi tā huì tǐ tiē rén.

단어정리

- 奢侈 shē chǐ 사치스럽다
- 懂事 dǒng shì 철들다
- 奇怪 qí guài 이상하다

회화해석

A 어우, 이렇게 쿨하게 꾸미고 어디 가는거야?

B 파티에 가.

A 남친이랑 데이트 안해? 오늘 화이트데이잖아.

B 그 사람은 NONO族이야. 의미있는 날 같이 있음 안돼. 발렌타인데이
　 때 쵸콜렛 주는 건 사치래.

A 나이도 어린데 굉장히 철 들었네.

B 철든 게 아니라 짠돌이지.

A 헌데 친구 사이에서는 인기가 많던데.

B 진짜 이상하다니까.

A 친구들이 모두 그를 37도男이래. 그랑 같이 있음 편하다네.

B 그 부분은 나도 인정해. 왜냐하면 사람을 편하게 해주거든.

- 猎头 Liè tóu | 고급인력검색

- 野鹅族 Yě é zú | 기러기족

- 草食男 Cǎo shí nán | 초식동물마냥 온순한 소극적인 남자

- 肉食女 ròu shí nǚ | 草食男과 반대 성격을 소유한 여자

- 白情节 Bái qíng jié | 화이트데이

- 鱼干女 Yú gān nǚ | 건어물녀

- 心碎假 Xīn suì jià | 연인과 헤어지고 내는 휴가

- NONO族 NONO zú | 짠돌, 짠순

- 派对 Pài duì | 파티

- 拌酷 Bàn kù | 쿨하게 꾸미다

- 烧瓶族 shāo píng zú | 쇼핑족

- 博客 bó kè | Blog 블로그

- 粉丝 fěn sī | 팬

- 暴走族 bào zǒu zú | 폭주족

- 狗仔队 gǒu zǎi duì | PAPARAZI ≒ 拍拍垃圾 pāi pāi lā jí | 파파라치

- 派 pài | 영어PIE의 음역이다. 패기 있고 멋지다는 뜻

- 土食族 tǔ shí zú | 신토불이 음식을 먹기 좋아하는 사람을 말함

- Emo族 zú | 성격이 내성적이고 소심한 청소년그룹을 말함

내 듣고 쓰는 능력은 어느 정도?

A 哟，¹⁾[_____]这么酷，这是去哪儿啊？

B 去参加²⁾[_____]。

A 怎么不跟男友约会啦，今天是白情节。

B 他可是"NONO族"，节日的时候不能跟他在一起，他说情人节送巧

克力是³⁾[_____]。

A 我看他年纪小，还挺⁴⁾[_____]的。

B 不是⁵⁾[_____]，是小气。

A 不过他在朋友间可是很有人气的。

B 我觉得很奇怪。

A 朋友都说他是"37度男"，都说跟他在一起，很开心。

B 这一点我⁶⁾[_____]，因为他会⁷⁾[_____]人。

1) 打扮得 2) 派对 3) 浪费钱 4) 懂事 5) 懂事 6) 承认 7) 体贴

Part 04

谐音, 缩略

같은 발음 다른 의미

031 _ 知本家

知本家를 얼핏 발음해보면 아마 사람들은 資本家를 떠 올리기도 하겠지요. 하지만 다른 의미를 갖고 있어요. 요즘 말하는 知本家는 하루 종일 책상 앞에 앉

아있는 '책벌레'가 아니고 이재(理財)에 밝은 두뇌를 가지고 있으며 기회가 생기면 과감히 투자를 할 줄 아는 '기업가'지요. 배운 지식을 실천에 옮겨 과감히 투자하여 부를 창출하는 사람들을 말해요.

사실 중국에도 요즘 주식 붐이 일어나 대학생이든 직장인이든지 간에 주머니에 돈이 있는 사람

들은 아마 거의 대부분 주식에 투자를 했을 거라고 봐도 무방하겠네요. 그 중엔 정말 자본가(부자)가 된 사람들도 많겠죠? 사회주의 국가인 중국에서도 자본가(부자)가 많이 출현한다는 게 참 아이러니 하네요.

A 现在知本家比资本家更有钱的时代。
Xiàn zài zhī běn jiā bǐ zī běn jiā gèng yǒu qián de shí dài.

B 可当个知本家哪能那么容易?
Kě dāng ge zhī běn jiā nǎ néng nà me róng yì?

A 你想当个知本家从现在开始要努力学习,
Nǐ xiǎng dāng ge zhī běn jiā cóng xiàn zài kāi shǐ nǔ lǐ xué xí,

掌握多方面的知识。
zhǎng wò duō fāng miàn de zhī shi.

B 我最讨厌学习了,
Wǒ zuì tǎo yàn xué xí le,

有没有坐着走的发财之路啊?
yǒu méi yǒu zuò zhe zǒu de fā cái zhī lù a?

A 요즘은 知本家가 资本家보다 돈이 더 많은 시대야.
B 知本家가 되는게 어디 그리 쉽니?
A 知本家가 되려면 지금부터 열공하고 여러 방면의 지식을 갖고 있어야 해.
B 공부가 제일 싫어. 앉아서 부자되는 법 없나?

 단어와 문법 이야기

掌握 zhǎng wò 파악하다
讨厌 tǎo yàn 밉다
发财之路 fā cái zhī lù 부자되는 길

 이렇게 사용해 봐~

现在呢要积累更多的知识应该当个知本家。
Xiàn zài ne jī lěi gèng duō de zhī shi yīng gāi dāng ge zhī běn jiā.
지금은 더 많은 지식을 쌓아서 知本家가 되어야 해.

032_海龟
Hǎi guī

자식을 하나만 키우다보니 중국부모들도 자식이 잘 되게 하려고 모든 것을 아낌없이 주려는 마음은 한국부모와 똑같아요.

예전에는 보통 유학하면 명문대학생들이 주로 국비생으로 많이 갔었는데 요즘은 중국인들의 생활수준이 높아지다보니 해외로 유학을 다녀오거나 어학연수를

다녀오는 사람들이 점점 늘어나고 있는 추세예요. 海龟는 바로 海归(해외에서 돌아오다)를 뜻하는 말이지요. 요즘 중국에서 海归의 연령이 점점 어려지고 있어요. 그래서 나이 어린 유학파를 小海归라고 부른답니다.

A 我们公司有几个海龟，
Wǒ men gōng sī yǒu jǐ ge hǎi guī,

他们比我们的工资高两倍。
tā men bǐ wǒ men de gōng zī gāo liǎng bèi.

B 怎么跟人家比，他们都是从海外回来的专业人员。
Zěn me gēn rén jiā bǐ, tā men dōu shi cóng hǎi wài huí lái de zhuān yè rén yuán.

A 跟他们一比我就没兴趣工作了。
Gēn tā men yì bǐ wǒ jiù méi xìng qu gōng zuò le.

B 人比人气死人，你还是少想那些事儿，
Rén bǐ rén qì sǐ rén, nǐ hái shi shǎo xiǎng nà xiē shì er,

认真工作吧。
rèn zhēn gōng zuò ba.

A 우리 회사에 해외파가 몇 명 있는데
그들은 우리 보다 월급을 두 배나 더 받아.

B 다른 사람과 왜 비교해, 그들은 모두 해외에서 온 전문가야.

A 그들과 비교하면 난 일 할 맘이 안생겨.

B 비교할 수록 화 나니까 너 그런건 그만 생각하고
일이나 열심히 해.

단어와 문법 이야기

兴趣 xìng qu 흥미
人比人气死人 Rén bǐ rén qì sǐ rén 비교 할 수
록 화나다

이렇게 사용해 봐~

现在国内小海归越来越增多了，说明留学
的年龄越来越小了。
Xiàn zài guó nèi xiǎo hǎi guī yuè lái yuè zēng
duō le, shuō míng liú xué de nián líng yuè lái
yuè xiǎo le.
요즘 국내에 나이 젊은 해외파가 점점 늘고 있어, 이
는 유학가는 연령이 점점 적어지고 있다는 것을 말하
지.

033 海带

Hǎi dài

海带는 海待를 재미있게 표현한 말이 죠. 待는 기다린다는 말로서 외국유학을 마치고 돌아와 취업을 기다리고 있는 사람을 말해요.

외국에서 학위를 얻어 중국에 돌아오면 예전 같으면 이들을 맞이해 줄 회사들이 줄을 섰겠지만 요즘은 점점 小海归의 축세인데다, 이들은 매우 높은 연봉을 원하기

때문에 중국기업들 입장에서는 요즘은 중국 내에서 공부한 사람들도 영어를 잘하기 때문에 차라리 실력 있는 '국내파'를 선호하는 경향이 있다고 해요. 그래서 海带들이 점점 늘어나고 있다고 하네요.

이젠 유학이 능사는 아니겠죠?

A 海带生活两个月快要闷死了。
　　Hǎi dài shēng huó liǎng ge yuè kuài yào mēn sǐ le.

B 耐心等，找工作可是要慎重的，
　　Nài xīn děng, zhǎo gōng zuò kě shi yào shèn zhòng de,

　　再说第一步是非常重要的。
　　zài shuō dì yī bù shi fēi cháng zhòng yào de.

A 我想我的年龄小也成问题。
　　Wǒ xiǎng wǒ de nián líng xiǎo yě chéng wèn tí.

B 有可能成问题，但不是大问题，不要担心了，
　　Yǒu kě néng chéng wèn tí, dàn bú shi dà wèn tí, bú yào dān xīn le,

　　一定会有好公司认出你这个财宝的。
　　yí dìng huì yǒu hǎo gōng sī rèn chū nǐ zhè ge cái bǎo de.

A 귀국해서 취업 기다린지 2개월이라 답답해 미치겠어.
B 참고 기다려. 일 찾는 건 신중해야해, 다시 말해서,
　　첫걸음이 엄청 중요하거든.
A 내 나이가 너무 어린 것도 문제야.
B 문제일 수는 있지, 허나 큰 문제는 아냐, 걱정 마,
　　좋은 회사가 보물인 꼭 널 알아보게 될거야.

 단어와 문법 이야기

闷死 mēn sǐ 답답해 죽다
慎重 shèn zhòng 신중하다
财宝 cái bǎo 보물

 이렇게 사용해 봐~

你说海带生活都 2 个月了，这是不是很让
人生气？
Nǐ shuō hǎi dài shēng huó dōu liǎng ge yuè le,
zhè shì bu shi hěn ràng rén shēng qì?
유학하고 돌아와서 2개월이 돼도 취직을 못하니, 이거
너무 화나지 않니?

034_负翁
Fù wēng

负翁은 富翁에서 온 말입니다. 富翁은 재력이 상당한 부자를 뜻하는 말이지요. 허나 같은 발음 다른 글자인 负翁은 오히려 빚이 많은 사람을 지칭해요.

요즘 중국 각지엔 아파트들이 우후죽순으로 들어서고 하면서 너도나도 집을 사고 있는 추세랍니다. 거기에 대출도 별로 어렵지 않게 받을 수가 있으니 말이죠. 내 집을 갖고 싶은 맘은 중국인이나 한국인이나 다 같지 않겠어요? 해서 비싼 대출금리를 안고 아파트를 사는 사람들이 많아졌는데요, 이런 사람들은 빚이 많고 그 빚을 갚아(负)야 하는 부자인 셈이지요.

A 后悔办了信用卡，把我一瞬间变成负翁。
hòu huǐ bàn le xìn yòng kǎ, bǎ wǒ yí shùn jiān biàn chéng fù wēng.

B 你挣钱多担什么心？
Nǐ zhèng qián duō dān shén me xīn?

A 你也知道我去年买车，那笔贷款还没还呢。
Nǐ yě zhī dao wǒ qù nián mǎi chē, nà bǐ dài kuǎn hái méi huán ne.

B 这下你可真是个负翁了，
Zhè xià nǐ kě zhēn shi ge fù wēng le,

都是你自己造成的，
dōu shi nǐ zì jǐ zào chéng de,

你慢慢儿还吧。
nǐ màn mān er huán ba.

- - - - - - - - - -

A 신용카드 만든 거 진짜 후회해, 나를 한 순간에
빚쟁이로 만들었어.

B 너 돈 많이 버는데 뭘 걱정이야?

A 너도 알다시피 나 지난해 차 샀지, 그 대출도 아직 다 못 갚았어.

B 너 정말 빚쟁이네, 모두 네가 자처한 일이니 천천히 상환해라.

 단어와 문법 이야기

后悔 hòu huǐ 후회하다
笔 bǐ 액수가 큰 돈을 말할 때 쓰는 양사

 이렇게 사용해 봐~

我怎么就一个月内变成负翁了，这得怪我
自己还能怪谁啊？
Wǒ zěn me jiù yí ge yuè nèi biàn chéng fù
wēng le, zhè děi guài wǒ zì jǐ hái néng guài
shuí a?
나 어떻게 한 달 새 负翁이 되었지, 다 나 <u>스스로를</u> 원
망해야지 누굴 원망하겠어?

035_驴友 lú yǒu

요즘 중국인들의 생활수준이 높아짐에 따라서 많은 중국인들은 여가를 보통 드라이브나 혹은 여행을 하면서 즐기고 있죠. 거기에 따라서 驴友라는 유행어도 생기고 앞에서 설명한 闪玩이라는 유행어도 생겼답니다.

驴友는 旅友의 음에서 비롯된 말이지요. 旅友 혹은 旅伴은 여행의 동반자라는 의미를 가지고 있는데요, 요즘 중국에서 유행하는 驴友는 한국에서의 배낭여행을 함께하는 친구와 비슷하다고 할 수 있겠지요. 인터넷동호회도 만들어서 여행을 좋아하는 사람들이 동반자가 되어 여행을 함께 하게 되는데 이런 친구를 驴友라고 합니다.

A 你这次旅行是旅行社介绍的?
　Nǐ zhè cì lǚ xíng shì lǚ xíng shè jiè shao de?

B 我喜欢自由，旅行社跟着总是不自在。
　Wǒ xǐ huan zì yóu, lǚ xíng shè gēn zhe zǒng shì bú zì zài.

A 那你一个人去吗?
　Nà nǐ yí ge rén qù ma?

B 不是，有几个合心的驴友。
　Bú shi, yǒu jǐ ge hé xīn de lǘ yǒu.

우리는 여행친구♥

A 너 이번 여행은 여행사에서 소개한거니?
B 나 자유스러운거 좋아하잖아,
　여행사를 통해 가는 건 불편해.
A 그럼 너 혼자 가니?
B 아니, 몇 명의 마음맞는 여행 동반자가 있지.

 단어와 문법 이야기

自在 zì zài 자유롭다
合心 hé xīn 마음이 맞다

 이렇게 사용해 봐~

这个暑假里找几个合心的驴友去西北吧。
Zhè ge shǔ jià li zhǎo jǐ ge hé xīn de lǚ yǒu qù
xī běi ba.
이번 여름방학 때는 마음맞는 몇 명을 모아 서북에 가
자.

036_月光族

Yuè guāng zú

한 달이 버는 수입을 그때그때 다 써버리는 (用光) 사람들을 일컬어요. 이 부류의 사람들은 매 달 급여에서 일정액을 꼬박꼬박 저축하는 일반 직장인과는 전혀 다른 사람들이라고 볼 수 있지요.

다만, 月光族는 일정 스펙도 갖추고 머리가 매우 똑똑한 사람들이며, 고정수입도 갖고 있어서 그 달 월급을 다 써버린다고 해도 다음 달에 쓸 돈에 대해선 걱정을 안한다고 하니 조금 부럽기는 하네요. 그래도 미래를 위한 약간의 저축은 필요하지 않을까요?

A 你每个月把钱都花光了,
Nǐ měi ge yuè bǎ qián dōu huā guāng le,

万一急着用大钱的时候怎么办？
wàn yī jí zhe yòng dà qián de shí hou zěn me bàn?

B 我没想过。
Wǒ méi xiǎng guo.

A 你们这些月光族，真是没头脑。
Nǐ men zhè xiē yuè guāng zú, zhēn shi méi tóu nǎo.

B 但我们活得很幸福。
Dàn wǒ men huó de hěn xìng fú.

이번달 월급 다썼다♥

미친거 아냐? 앞날도 생각해야지

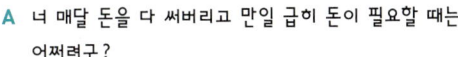

A 너 매달 돈을 다 써버리고 만일 급히 돈이 필요할 때는 어쩌려구?
B 나 생각해 본 적 없어.
A 너희 月光族들, 정말 생각없네.
B 그러나 우리들은 사는게 정말 행복해.

 단어와 문법 이야기

万一 wàn yī 만일, 만약
没头脑 méi tóu nǎo 생각이 없다

 이렇게 사용해 봐~

买车，买房子，能不成月光族吗。
Mǎi chē , mǎi fáng zi, néng bu chéng yuè guāng zú ma.
차사고, 집사고, 月光族가 안될 수 있겠니.

037_赖校族
Lài xiào zú

한국에도 취업이 안되니 대학원을 진학해서 계속 공부를 하며 미래를 준비하는 학생들이 많이 있잖아요? 그런데 취업난은 한국에서만 있는 것이 아니에요. 중국에서도 취업난은 한국 못지않게 매우 심각한 편이죠.

이런 취업난 때문만 아니라 실제로 공부를 더 하고 싶다든가 아니면 사회의 치열한 경쟁이 두려워서 아예 졸업을 미루고 학교에 남아있는 학생들이 있는데 그런 학생들이 바로 **赖校族**이지요. 한국의 대학 5학년, 대학 6학년과 비슷하죠?

A 经济不景气，做个赖校族也不坏。
　　Jīng jì bù jǐng qì, zuò ge lài xiào zú yě bú huài.

B 话又转回来，留在学校多掌握知
　　Huà yòu zhuǎn huí lai, liú zài xué xiào duō zhǎng wò zhī

　　识再毕业也很好啊。
　　shi zài bì yè yě hěn hǎo a.

A 但有些同学不这么想。
　　Dàn yǒu xiē tóng xué bú zhè me xiǎng.

B 机会总是给有准备的人。
　　Jī huì zǒng shì gěi yǒu zhǔn bèi de rén.

저 선배 아직도 졸업 안했네?

미래를 위해 좀 더 공부해야지!

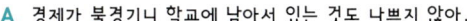

A 경제가 불경기니 학교에 남아서 있는 것도 나쁘지 않아.

B 다시 말해, 학교에 남아서 지식을 더 쌓아 졸업하는 것도
결코 나쁘진 않지.

A 근데 어떤 학생들은 그렇게 생각하지 않지.

B 기회는 언제나 준비된 사람에게만 오지.

 단어와 문법 이야기

不景气 bù jǐng qì 불경기
机会 Jī huì 기회
准备 zhǔn bèi 준비하다

 이렇게 사용해 봐~

反正就职难，不如做个赖校族多掌握知识
也挺好的。
Fǎn zhèng jiù zhí nán, bù rú zuò ge lài xiào zú
duō zhǎng wò zhī shi yě tǐng hǎo de.
어쨌든 취직도 어려운데 학교에 남아서 더 많은 지식
을 쌓는 것도 아주 괜찮은 일이지.

038_ 白骨精 Bái gǔ jīng

《西游记》(서유기)에 나오는 여자 요괴인데 당나라 승려 삼장법사를 잡아먹으려고 속임수를 쓰는 나쁜 요괴지요. 해서 白骨精은 본래 음험하고 악랄한 나쁜 사람을 의미해요. 그러나 요즘에 와서 중국의 젊은이들은 白骨精을 白領+骨干+精英로 해석을 하고 있지요.

白領은 화이트칼라(white-color)라는 의미로서 사무직을 말하는데 중국에서는 주로 서비스업(三资企业)에 종사하며 수입이 비교적 높은 사람을 가리킬 때 쓰입니다. 骨干은 핵심을, 精英은 엘리트라는 뜻으로 白骨精은 회사의 고학력 전문 지식을 가진 엘리트를 가리키는 좋은 뜻으로 쓰입니다.

A 她可是我们公司的白骨精，
Tā kě shi wǒ men gōng sǐ de bái gǔ jīng,

入职不久工作很有成就。
rù zhí bù jiǔ gōng zuò hěn yǒu chéng jiù.

B 她非常勤快，我从没见过晚来早退。
Tā fēi cháng qín kuài, wǒ cóng méi jiàn guo wǎn lái zǎo tuì.

A 看来没有一个是容易得来的。
Kàn lái méi yǒu yí ge shi róng yi dé lái de.

B 我们也得更加加油啊!!
Wǒ men yě děi gèng jiā jiā yóu a!!

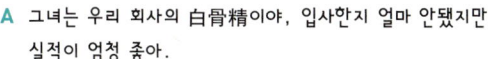

A 그녀는 우리 회사의 白骨精이야, 입사한지 얼마 안됐지만 실적이 엄청 좋아.

B 그녀는 아주 부지런하지, 나는 한번도 늦게 오거나 빨리가는 걸 못봤어.

A 보아하니 아무것도 쉽게 얻어지는 건 없는 것 같아.

B 우리도 더 힘 좀 내야겠군.

 단어와 문법 이야기

入职 rù zhí 입사
勤快 qín kuài 부지런하다
容易 róng yi 쉽다

 이렇게 사용해 봐~

公司想多培养白骨精，投资很多钱让他们到国外去进修。
Gōng sī xiǎng duō péi yǎng bái gǔ jīng , tóu zī hěn duō qián ràng tā men dào guó wài qù jìn xiū.
회사는 더 많은 白骨精을 배출하려고 해외연수에 많은 투자를 한다.

039_特困生
Tè kùn shēng

원래 이 단어의 의미는 굉장히 생활이 어려운 학생을 말합니다. 하지만 요즘 중국의 캠퍼스에서는 피곤해서 1교시부터 자는 학생을 말해요. 아마 밤새 컴퓨터게임을 하고 피곤한 몸을 이끌고 출석은 해야겠고 해서 강의엔 들어갔으나 너무 피곤하여 첫 강의부터 엎드려서 자는 그런 학생을 가리키지요. 이들이 이러는 걸 부모님들은 아시려나? ㅋㅋㅋ

A 我可是特困生不要打扰我。
　　Wǒ kě shi tè kùn shēng bú yào dǎ rǎo wǒ.

B 你又通宵玩电脑了?
　　Nǐ yòu tōng xiāo wán diàn nǎo le?

A 没有，我通宵学习了。
　　Méi yǒu, wǒ tōng xiāo xué xí le.

B 啊? 你倒好，晚上通宵,
　　Á? nǐ dào hǎo, wǎn shang tōng xiāo,

　　上课睡觉。
　　shàng kè shuì jiào.

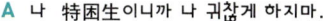

A 나 特困生이니까 나 귀찮게 하지마.
B 너 밤새 컴을 했구나?
A 아니 나 밤새워 공부했어.
B 어? 너 잘한다, 저녁에는 밤샘하고
　　강의시간엔 자고 말이야.

 단어와 문법 이야기

打扰 dǎ rǎo 폐를 끼치다, 귀찮게 하다
通宵 tōng xiāo 밤을 새다
倒 dào 오히려

 이렇게 사용해 봐~

公司年末太忙了，你说我这个有工作的学
生不做特困生不行啊。
Gōng sī nián mò tài máng le, nǐ shuō wǒ zhè
ge yǒu gōng zuò de xué sheng bú zuò tè kùn
shēng bù xíng a.
연말에 회사일이 너무 바빠서 직장생활하는 학생인
나로서는 피곤하지 않을 수가 없지.

040_斑竹
Bān zhú

줄기 부분에 자주빛 얼룩(斑)이 있는 대나무(竹)를 말하는데요, 사이버 상에서 斑竹는 版主로 통하지요. 版主는 한국어로 말하면 운영자, 관리자에 해당된다고 볼 수 있어요.

즉 광고성 글, 음란 글 등을 삭제해 버리거나 좋은 글을 많이 올리는 회원에게 등급을 높여주는 역할 등을 하죠.

A 自己管理两个网站，真是费很多时间。
　　Zì jǐ guǎn lǐ liǎng ge wǎng zhàn, zhēn shi fèi hěn duō shí jiān.

B 不是谁都当好斑竹的，
　　Bú shi shuí dōu dāng hǎo bān zhú de,

　　要当好斑竹就得勤快。
　　yào dāng hǎo bān zhú jiù děi qín kuài.

A 我知道，但我的手头还有别的工作嘛。
　　Wǒ zhī dao, dàn wǒ de shǒu tóu hái yǒu bié de gōng zuò ma.

B 你做不好，那就让给我吧。
　　Nǐ zuò bu hǎo, nà jiù ràng gěi wǒ ba.

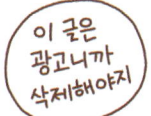

A 혼자서 두 개의 홈페이지를 관리하자니 정말 시간이 많이 걸려.
B 누구나 쥔장이 되는건 아니지,
　　좋은 관리자가 되려면 부지런해야 해.
A 나도 알아, 그러나 나에겐 또 다른 일이 있잖아.
B 네가 못하겠으면 나한테 넘겨.

 단어와 문법 이야기

网站 wǎng zhàn 홈페이지
手头 shǒu tóu 수중

 이렇게 사용해 봐~

当好斑竹，你首先要勤快，再一个是需要
多方面的知识。
Dāng hǎo bān zhú, nǐ shǒu xiān yào qín kuài ,
zài yí ge shi xū yào duō fāng miàn de zhī shi.
좋은 운영자가 되려면 우선은 부지런해야 하고 하나
는 다방면의 지식이 필요하지.

A 好好学习成个 "知本家" 的想法也要改了。
　　Hǎo hǎo xué xí chéng ge "zhī běn jiā" de xiǎng fǎ yě yào gǎi le.

B 你还想得很远大啊，我的几个朋友都是个 "月光族"，月底总向我借钱，
　　Nǐ hái xiǎng de hěn yuǎn dà a, wǒ de jǐ ge péng you dōu shì ge "yuè guāng zú", yuè dǐ zǒng xiàng wǒ jiè qián,

　　我一个学生家哪有钱？
　　wǒ yí ge xué sheng jiā nǎ yǒu qián?

A 是吗？不过当 "知本家" 要有个本钱才行，"海龟" 两个月，还呆在家，
　　Shì ma? Bú guo dāng "zhī běn jiā" yào yǒu ge běn qián cái xíng , "hǎi guī" liǎng ge yuè, hái dāi zài jiā,

　　恐怕不行了。
　　kǒng Pà bù xíng le.

B 我一个朋友 "海带" 生活半年，终于找到很满意的工作，所以你也不要着急。
　　Wǒ yǒu yí ge péng you "hǎi dài" shēng huó bàn nián, zhōng yú zhǎo dào hěn mǎn yì de gōng zuò, suǒ nǐ yě bú yào zháo jí.

A 不如成个 "赖校族"，有点后悔回国了。
　　Bù rú chéng ge "lài xiào zú", yǒu diǎn hòu huǐ huí guó le.

B 我看你一加入公司，准是个 "白骨精"。不过你现在心情不好，要不我们找几
　　Wǒ kàn nǐ yì jiā rù gōng sī , zhǔn shì ge "bái gǔ jīng". bú guò nǐ xiàn zài xīn qíng bù hǎo, yào bu wǒ men zhǎo jǐ

　　个 "驴友" 去旅行怎么样？
　　ge "lǘ yǒu" qù lǚ xíng zěn me yàng?

A 不了，你不用为我浪费时间，我可不希望你当个 "特困生"。你学习那么忙。
　　Bù le, nǐ bú yòng wèi wǒ làng fèi shí jiān, wǒ kě bù xī wàng nǐ dāng ge "tè kùn shēng". Nǐ xué xí nà me máng.

B 咱俩谁跟谁啊，你还这么客气？真是！
　　Zán liǎ shuí gēn shuí a, nǐ hái zhè me kè qi? Zhēn shì!

A 呵呵，说的也是，哈哈！
　　Hē he, shuō de yě shi, hā ha!

B 哈哈！
　　Hā ha!

회화해석

A 공부 열심히 해서 知本家가 되려던 생각도 버려야겠다.

B 너 꿈도 참 원대하네. 내 몇몇 친구는 '月光族'인데, 월말이 되면 나한테 돈꾸러 와. 난 학생인데 돈이 어디 있니?

A 그래, 근데 知本家가 되고 싶어도 자본이 있어야 하는데, 귀국해서 취업기다린지도 2개월, 아직도 집에 있으니 아마 안되겠어.

B 내 한 친구는 해외로 돌아와 반년을 집에서 보냈는데 지금은 만족하는 직장을 찾았어. 그러니 너도 걱정하지마.

A 그냥 '赖校族' 나 될걸, 귀국한 거 정말 후회돼.

B 내 생각에 넌 입사만 하면 진짜 엘리트야. 근데 네가 그리 울적하니 친구들하고 여행이나 갈까?

A 됐어, 네가 공부하느라 바쁜데, 널 '特困生'으로 만들고 싶진 않아.

B 우리가 그런 거 따지는 사이냐? 너 이렇게 체면을 차리고 말이야. 정말. 허허!

A 허허. 그러네. 하하!

B 하하!

새로 생긴 단어를 알아보자!

- **知本家** zhī běn jiā | 주식이나 어떤 분야에 지식을 많이 가지고 돈을 많이 버는 사람
- **海龟** hǎi guī | 해외파
- **海带** hǎi dài | 해외유학을 마치고 돌아와서 직장을 기다리는 사람
- **负翁** fù wēng | 은행빚이 많은 사람
- **驴友** lǘ yǒu | 배낭여행 동반자
- **月光族** yuè guāng zú | 매 달(月月) 번 돈을 다 써버리는 (用光) 부류
- **赖校族** lài xiào zú | 졸업하지 않고 학교에 남아있는 학생들
- **白骨精** bǎi gǔ jīng | 白领+骨干+精英로 아주 똑똑하고 능력있는 화이트칼라
- **特困生** tè kùn shēng | 첫 강의부터 엎드려서 자는 학생
- **斑竹** bān zhú | 운영자, 관리자
- **杯具(悲剧)** bēi jù | 비극
- **286(智商低** zhì shāng dī**)** | IQ가 낮다
- **7456(气死我了** qì sǐ wǒ le**)** | 진짜 화나다
- **我T(踢** tī**)你** | 너를 발로 차다
- **打铁** dǎ tiě | 게시판에 글을 올리다
- **美眉** měi méi | 용모가 괜찮은 여학생(인터넷)
- **衰哥** shuāi gē | 용모가 괜찮은 남학생(인터넷)
- **大虾** dà xiā | 인터넷 중독자 혹은 컴퓨터기술 혹은 문장실력이 특별히 좋은 사람을 말함
- **三无伪海龟** sān wǔ wéi hǎi guī | 해외생활 10여 년 이지만 회사, 주식, 학위 모두가 없는 말하자면 생존능력을 갖추지 못한 해외파를 말함

A 好好学习成个"知本家"的 ¹⁾☐ 也要改了。

B 你还想得很远大啊，我的几个朋友都是个"月光族"，月底总向我借钱，我一个学生家哪有钱？

A 是吗？不过当"知本家"要有个本钱才行，"海龟"两个月，还呆在家，恐怕不行了。

B 我一个朋友"海带"生活半年，终于找到很 ²⁾☐ 的工作，所以你也不要 ³⁾☐ 。

A 不如成个"赖校族"，有点 ⁴⁾☐ 回国了。

B 我看你一加入公司，准是个" ⁵⁾☐ "。你现在心情不好，要不我们找几个"驴友"去旅行怎么样？

A 不了，你不用为了我 ⁶⁾☐ 时间，我可不希望你当个"特困生"。你学习那么忙。

B 咱俩谁跟谁啊，你还这么客气？真是！

A 呵呵，说的也是，哈哈！

B 哈哈！

정답

1) 档案　2) 满意　3) 着急　4) 后悔　5) 白骨精　6) 浪费

Part 05
恋爱, 结婚
연애, 결혼

041_没女 Méi nǚ

요즘 굉장히 유행하는 새로운 단어죠. 没女는 없는 여자라는 뜻이에요. 즉 예쁘지도 않고 몸매도 안되고 젊지도 않으며, 거기에 학력과 돈도 안 되는 여자를 가리키지요. 너무 불쌍하지 않아요? 몇 년 전 한국에서 시청률 고고성을 달렸던 '내 이름은 김삼순'에서 김삼순이 바로 没女라고 할 수 있지 않을까요? 마찬가지 상황의 남자라면 没男이 되겠죠?

그러나 실 생활에서 이런 부류의 사람을 찾기란 쉽지 않을 거예요. 왜냐면 모든 사람에겐 자기만의 장점 하나씩을 갖고 있기 때문이죠. 안 그래요?

A 以没女的身份出生在这个世上，真是可悲啊。
　　Yǐ méi nǚ de shēn fèn chū shēng zài zhè ge shì shang, zhēn shi kě bēi a.

B 没女也很好啊，你没看过"我叫金三顺"吗?
　　Méi nǚ yě hén hǎo a, nǐ méi kàn guo "wǒ jiào jīn sān shùn" ma?

A 那只是在电视上，事实不是这样的。
　　Nà zhǐ shì zài diàn shì shang, shì shí bú shi zhè yàng de.

B 那些故事都是根据我们的生活所编的。
　　Nà xiē gù shi dōu shi gēn jù wǒ men de shēng huó suǒ biān de.

A 못 생긴 얼굴로 이 세상에 태어나니 정말 비극이야.
B 못 생겨도 좋아, 너 '내 이름은 김삼순' 드라마 못봤어?
A 그건 그냥 TV에서나 그렇지. 현실은 그렇지 않아.
B 그런 이야기들은 모두 우리들의 실생활에 근거해서
　　만든 것이야.

단어와 문법 이야기

身份 shēn fèn 신분
根据 gēn jù 근거해서
所编 suǒ biān (이야기 같은 것을) 만들다

이렇게 사용해 봐~

我不是美女，是没女，不过我还是非常爱
我自己啊。
Wǒ bú shi měi nǚ, shì méi nǚ, bú guo wǒ hái
shi fēi cháng ài wǒ zì jǐ a.
나 미녀가 아니고 없는 여자이지만, 난 나 자신을 아
주 사랑해.

042 剩女

Shèng nǚ

앞에 나온 剩女의 반대의 뜻을 가진 말이죠. 剩女는 원래 노처녀란 뜻으로 쓰였는데, 요즘은 나이는 좀 많지만 얼굴이 예쁘면서 날씬한 몸매에, 고학력에 돈까지 많은 여자를 말합니다. 한마디로 무엇이나 남는 여유로운 여자를 말하지요. 마찬가지 경우의 남자라면 바로 剩男이라 표현하면 되겠지요?

그래서 좀 잘나가는 고학력의 여자나 남자들이 25세가 넘어도 짝이 없으면 "왜 剩女/剩男로 남을려고 아직 상대를 안찾고 있니?"라는 말을 쉽게 건네곤 하지요. 결국 剩(남다)에 대한 시대적 해석의 차이입니다.

A 都25了，怎么还不找男朋友，
　　Dōu 25 le, zěn me hái bù zhǎo nán péng you,

　　你想当剩女啊。
　　nǐ xiǎng dāng shèng nǚ a.

B 喜欢的人不出现，出现的人不喜欢我，
　　Xǐ huān de rén bù chū xiàn, chū xiàn de rén bù xǐ huan wǒ,

　　你让我怎么办?
　　nǐ ràng wǒ zěn me bàn?

A 去追啊。
　　Qù zhuī a.

B 我不敢。
　　Wǒ　bù gǎn.

A 25살이 되었는데, 왜 아직 남친이 없는거야.
　　剩女가 되고 싶냐?

B 좋아하는 사람은 나타나지 않고 나타난 사람은 날
　　안 좋아하고 날더러 어쩌라말야?

A 댓쉬 해야지.

B 난 감히 못해.

 단어와 문법 이야기

出现 chū xiàn 나타나다
追 zhuī 쫓다
敢 gǎn 감히

 이렇게 사용해 봐~

我是这个世上唯一的剩女。
Wǒ shì zhè ge shì shang wéi yī de shèng nǚ.
난 이 세상에서 유일하게 남은 여자야.

043_孔雀女

Kǒng què nǚ

인터넷상의 '도시의 아이들'을 말해요. 그들은 보통 부모의 과잉보호 속에서 성장했고 커 오면서도 어려움을 겪은 적이 거의 없으며, 어릴 때부터 순조롭게 잘 성장한 여성을 말하지요.

그들이 바라는 남성상은 능력 있고 책임감이 매우 강하며 순수하고 진정한 사랑을 할 줄 아는 남자지요. 그런 남성 찾지 쉽지 않은데……ㅋㅋㅋ

A 你们这些孔雀女，我真的很担心
　　Nǐ men zhè xiē kǒng què nǚ, wǒ zhēn de hěn dān xīn

　　你们到外地去打工。
　　nǐ men dào wài dì qù dǎ gōng.

B 放心吧，虽然没受过苦，
　　Fàng xīn ba, suī rán méi shòu guo kǔ,

　　但是我们都知道怎样生活。
　　dàn shi wǒ men zhī dao zěn yàng shēng huó.

A 理论和现实是不一样的。
　　Lǐ lùn hé xiàn shí shi bù yí yàng de.

B 所以要体验啊。
　　Suǒ yǐ yào tǐ yàn a.

A 너희 공작녀들, 너희들이 다른 지역가서 일한다는 게
　정말 걱정된다.
B 걱정마세요, 비록 고생은 안해봤지만 우리들은 모두
　어떻게 생활해야 하는지 알아요.
A 이론과 실천은 다른거야.
B 그래서 체험해 봐야죠.

 단어와 문법 이야기

打工 dǎ gōng 아르바이트 하다
虽然…但是 suī rán…dàn shi 비록 ～하지만,
그러나
体验 tǐ yàn 체험하다

 이렇게 사용해 봐~

你们这些孔雀女从小到大娇生惯养的，能
出去闯吗？
Nǐ men zhè xiē kǒng què nǚ cóng xiǎo dào dà
jiāo shēng guàn yǎng de, néng chū qu chuǎng
ma?
요런 孔雀女들. 어릴 때부터 응석받이로 커서 경쟁 속
에 뛰어들 수 있을까?

044_梦中情人

Mèng zhōng qíng rén

꿈속의 연인을 말해 요. 보통은 짝사랑하 는 사람들이 이 말을 많이 하게 되는데요, 사실 영화나 드라마 같은 데서 정말 멋진 배우가 나오면 마음 속으로 진짜 좋아하게 되지 않나요? 어느 누가 한국 연예인 중 조인성을 참 좋아한다 면 이렇게 말할 수 있겠지요. "조인성은 내 梦中情人이야"라고 말이죠. 사랑하 는 이를 현실에서가 아닌 꿈 속에서만 볼 수 있다면 넘 슬프지 않을까요?

A 我昨天亲眼看到了我的梦中情人赵仁城。
　　Wǒ zuó tiān qīn yǎn kàn dào le wǒ de mèng zhōng qíng rén zhào rén chéng.

B 亲眼见到他感受如何？
　　Qīn yǎn jiàn dào tā gǎn shòu rú hé?

A 别提了，他昨天参军很多的粉丝送他，
　　Bié tí le, tā zuó tiān cān jūn hěn duō de fěn sī sòng tā,

　　我只在远处默默地目送了他。他很帅的。
　　wǒ zhǐ zài yuǎn chù mò mò di mù sòng le tā. Tā hěn shuài de.

B 就这些，你也够可怜的，
　　Jiù zhè xiē, nǐ yě gòu kě lián de,

　　在远处看着梦中情人。
　　zài yuǎn chù kàn zhe mèng zhōng qíng rén.

A 어제 나의 꿈 속의 연인 조인성을 직접 눈으로 봤어.
B 직접 눈으로 본 느낌이 어때?
A 말도 마, 어제 그가 군입대 하는걸 많은 팬들이 바래다 주는데
　　난 멀리서 그냥 묵묵히 눈으로만 바래다 줬어. 진짜 잘 생겼더라.
B 그게 다야? 너도 참 불쌍하다,
　　그저 멀리서 꿈 속의 연인을 보다니.

 단어와 문법 이야기

亲眼 qīn yǎn 직접
别提了 bié tí le 말도 마
默默地 mò mò di 묵묵히
目送 mù sòng 눈으로 바래다 주다

 이렇게 사용해 봐~

我的梦中情人，突然出现在我的眼前。
Wǒ de mèng zhōng qíng rén, tū rán chū xiàn zài wǒ de yǎn qián.
나의 꿈속의 정인이 갑자기 나의 눈앞에 나타났다.

045_ 一网情深
Yì wǎng qíng shēn

중국어에 一往情深이란 말이 있어요. 오로지 한 사람만 끝까지 사랑을 한다라는 뜻이지요. 요즘 젊은 세대들은 인터넷 채팅을 많이 하는데요, 채팅에서 우연히 대화가 잘되는 상대를 만나서 사랑에 빠지기도 하지요. 오로지 인터넷상에서만 한마음 한 뜻으로 사랑한다는 뜻으로 一网情深이라고

합니다. 누가 "我对XX一往(网)情深"라고 말 한다면 한 번은 곰곰히 생각해 봐야 그 사람의 속마음을 알수 있을 것 같죠? 이런 표현은 역시 한자문화권에서만 가능한 표현이 아닐까요?

A 我一心一意爱她，她怎么会爱很多男孩子呢？
　　Wǒ yì xīn yí yì ài tā, tā zěn me huì ài hěn duō nán hái zi ne?

B 一网情深嘛，不要太认真啦。
　　Yì wǎng qíng shēn ma, bú yào tài rèn zhēn la.

A 我感觉我好像真爱上她了。
　　Wǒ gǎn jué wǒ hǎo xiàng zhēn ài shang tā le.

B 你快醒醒吧，
　　Nǐ kuài xǐng xǐng ba,

　　你在现实里可是有女朋友的。
　　nǐ zài xiàn shí lǐ kě shi yǒu nǚ péng yǒu de.

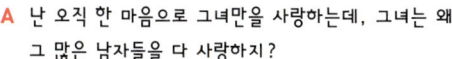

A 난 오직 한 마음으로 그녀만을 사랑하는데, 그녀는 왜
　그 많은 남자들을 다 사랑하지？
B 인터넷 속에서의 사랑이잖아. 너무 빠지지마.
A 나 정말 그녀를 사랑하는 것 같애.
B 꿈 깨라. 너 사실 여친 있잖아.

 단어와 문법 이야기

一心一意 yì xīn yí yì 한마음 한뜻
认真 rèn zhēn 열심히

 이렇게 사용해 봐~

我对他可是一网情深啊。
Wǒ duì tā kě shi yì wǎng qíng shēn a.
사이버상에서는 난 그에 대한 맘 뿐이야.

046 劈腿
Pī tuǐ

劈는 벌리다고 腿는 다리라는 뜻이지요. 劈腿를 해석하면 곧 '다리를 벌리다' 라는 뜻이 되겠지요. 우리가 지하철에서 다리를 쩍 벌리고 앉는 매너 없는 사람

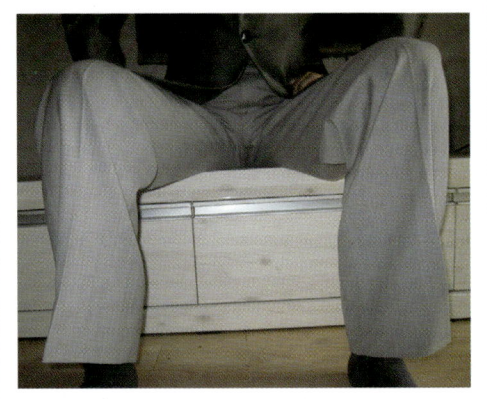

을 가끔 보지요? 쩍벌남 같은 거 말이 죠. 그런 경우 劈腿라고 하는데요, 요 즘은 다른 뜻으로도 많이 쓰인답니다. 감정에 충실하지 않은 경우 말이죠. 말 하자면 한국에서 자주 쓰는 '양다리를 걸치다'란 뜻과 비슷하겠죠.

비슷한 말로는 出軌(궤도를 벗어나 다) 혹은 脚踏两只船(두 배에 발을 걸 치다), 爱情走私(사랑이 다른 길로 새 다) 등이 있습니다.

A 他总是爱劈腿对感情不忠实，
Tā zǒng shi ài pī tuǐ duì gǎn qíng bù zhōng shí,

你还是跟他分手算了。
nǐ hái shi gēn tā fēn shǒu suàn le.

B 不过他对我很好，再说我们都处了很多年，
Bú guo tā duì wǒ hěn hǎo, zài shuō wǒ men dōu chù le hěn duō nián,

我做不到。
wǒ zuò bú dào.

A 你不听我的话你会后悔的。
Nǐ bù tīng wǒ de huà nǐ huì hòu huǐ de,

B 那怎么办？我现在是无能为力啦。
Nà zěn me bàn? wǒ xiàn zài shi wú néng wéi lì la.

A 그는 언제나 양다리 걸치고 감정에 솔직하지 못하니
너 헤어져라.

B 근데 그는 나에게 잘 해주고, 또 우리는 몇 년을
사귀었는데. 난 그렇게 못하겠어.

A 너 내 말 안들으면 후회할 걸?

B 그럼 어떡해? 나도 지금은 어쩔 수가 없어.

 단어와 문법 이야기

忠实 zhōng shí 충실하다
无能为力 wú néng wéi lì 어찌 할 수가 없다

 이렇게 사용해 봐~

最终受伤的人还是爱劈腿的一方。
Zuì zhōng shòu shāng de rén hái shi ài pī tuǐ
de yì fāng.
결과적으로 상처받는 사람은 양다리 걸치기 좋아하는
쪽이다.

047 闪婚
Shǎn hūn

한국이나 중국이나 그 어디서든 젊은이들은 충동적인 경우가 매우 많죠? 새로운 것을 추구하면서도 쉽게 질리기도 하고 말이죠. 남친이나 여친을 마치 번개같이 만나기도 하고 쉽게 헤어지곤 하죠.

결혼도 마찬가지라 할 수 있어요. 결혼은 매우 신중하게 심사숙고한 끝에 결정을 해야 하는데, 요즘 젊은 세대들은 모든 결정들이 너무 빠르기만 합니다. 상대방을 미처 제대로 알기도 전에 결혼하고 그러다 보니 결혼생활에 적응을 못하고 결국에는 또 번개같이 이혼을 하기도 하지요.

이같이 빨리 결혼하고 이혼한다고 해서 闪婚이라고 합니다.

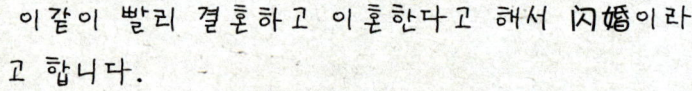

A 现在的闪婚也成了一个社会现象了。
　　Xiàn zài de shǎn hūn yě chéng le yí ge shè huì xiàn xiàng le.

B 现在的年轻人把结婚看得太简单。
　　Xiàn zài de nián qīng rén bǎ jié hūn kàn de tài jiǎn dān.

A 可不是吗，结婚是人生中的大事，
　　Kě bú shì ma, jié hūn shi rén sheng zhōng de dà shì,

　　却把它看成一团戏。
　　què bǎ tā kàn chéng yì tuán xì.

B 可能随着社会的发展，
　　Kě néng suí zhe shè huì de fā zhǎn,

　　他们的婚姻观也有了很大的变化。
　　tā men de hūn yīn guān yě yǒu le hěn dà de biàn huà.

A 요즘 闪婚은 하나의 사회현상으로 되었지.
B 요즘의 젊은이들은 결혼을 너무나 쉽게 생각해.
A 누가 아니래. 결혼은 인류지대사인데, 그것을 하나의
　　연극으로 보니까 말이야.
B 아마 사회가 발전하면서 그들의 결혼관도 많은 변화를
　　가져온 것 같애.

 단어와 문법 이야기

简单 jiǎn dān 간단하다.
一团戏 yì tuán xì 일장극
随着 suí zhe ～따라서

 이렇게 사용해 봐～

怎么看年轻人的闪婚?
zěn me kàn nián qīng rén de shǎn hūn?
어떻게 젊은 사람들의 闪婚을 바라 볼 것인가?

048 _ 种草莓
Zhòng cǎo méi

이는 대학생들 사이에서 많이 유행하고 있는 말, 바로 키스하다란 말인데요, 어떤 학생들은 '러브마크'를 가리켜 이런 말을 쓰기도 한답니다. 사실 키스하다

라는 말은 接吻이란 비교적 직설적인 표현이 있지만, 요즘 젊은이들은 키스하다를 '빨간 딸기를 섬다'라는 재미있는 말로 표현을 하기도 한다네요. 누군가가 자기한테 키스를 했다면 "我被他种草莓了"라고 표현하면 되죠.

A 以前几乎看不到校园里接吻。
Yǐ qián jǐ hū kàn bú dào xiào yuán lǐ jiē wěn.

B 是啊，现在太普遍了，还流行"种草莓"。
Shì a, xiàn zài tài pǔ biàn le, hái liú xíng "zhòng cǎo méi".

A 越来越开放了。
Yuè lái yuè kāi fàng le.

B 时代变了。
Shí dài biàn le.

A 예전에는 캠퍼스 내에서 키스하는 것을 거의 볼수 없었어.
B 그래. 요즘은 너무 흔해. 또 '种草莓'라고 유행하고 있어.
A 점 점 더 개방적이 돼가.
B 시대가 변했잖아.

 단어와 문법 이야기

接吻 jiē wěn 키스하다
普遍 pǔ biàn 보편적이다

 이렇게 사용해 봐~

我被他种草莓了。
Wǒ bèi tā zhòng cǎo méi le.
그가 나에게 키스했어.

049 经济适用男

Jīng jì shì yòng nán

키는 보통이고 머리 스타일도 비교적 평범하고 전통적이며 용모는 그런대로 봐줄 만하고, 성격은 온순하며 월급은 꼬박꼬박 집에 가져오는 남자를 가리킵니다. 이들은 또한 담배나 술도 안하고 핸드폰은 항상 켜두고 지내며, 도박도 안하고 월급은 인민폐 3,000~10,000원을 받는 경제능력이 좀 되는 사람이지요. 이런 사람들은 대개는 IT, 교육, 기계제조, 기술분야에 종사하고 있지요.

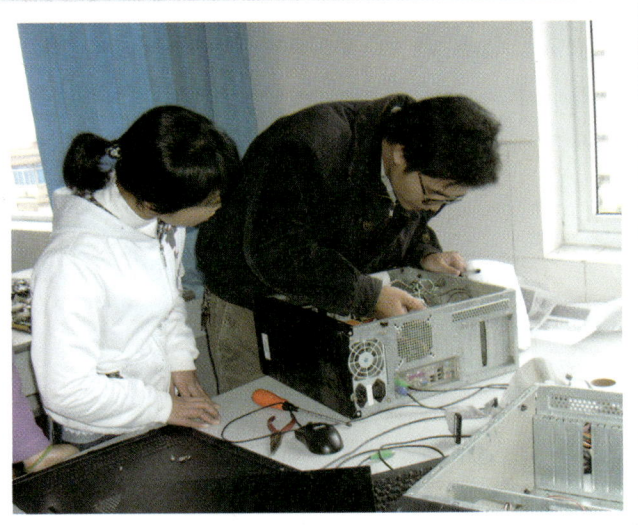

여자들한테 인기 꽤나 있지 않을까요? 헌테 이런 남자들을 찾기란 쉽지 않습니다. 왜냐면 이런 남자가 발견되면 다른 여자들이 가만두지 않을거니깐요.

A 你找男友的标准是什么?
　　Nǐ zhǎo nán yǒu de biāo zhǔn shi shén me?

B 没想过, 个子高, 帅, ……。
　　Méi xiǎng guo, gè zi gāo, shuài, ...

A 哎呀, 你呀, 都什么时代了还看长相,
　　āi ya, nǐ ya, dōu shén me shí dài le hái kàn zhǎng xiàng,

　　现在呢, 应该找个能挣钱的经济适用男。
　　xiàn zài ne, yīng gāi zhǎo ge néng zhèng qián de Jīng jì shì yòng nán.

B 那些人哪能轮到我,
　　Nà xiē rén nǎ náng lún dào wǒ,

　　都被别人抢走了。
　　dōu bèi bié rén qiǎng zǒu le.

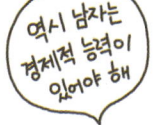

A 너 남친 찾는 기준이 뭐야?
B 생각 해본 적이 없는데……. 키 크고 잘 생기고…….
A 오우, 요즘이 어느 시댄데 넌 아직도 외모타령이니.
　　지금은 돈 잘버는 남자를 찾아야쥐.
B 그런 사람들이 어떻게 내 차지가 되겠니,
　　벌써 다른 사람들이 채갔지.

 단어와 문법 이야기

标准 biāo zhǔn 표준
挣钱 zhèng qián 돈을 벌다
轮到 lún dào 차례가 되다
抢走 qiǎng zǒu 빼앗아 가다

 이렇게 사용해 봐~

相亲时第一个条件就是对方应该是个经济
适用男。
Xiāng qīn shí dì yī ge tiáo jiàn jiù shi duì fāng
yīng gāi shi ge jīng jì shì yòng nán.
선 볼 때 첫 번째 조건은 바로 상대가 경제력이 있어
야 한다는 것이지.

050_扮靓

Bàn liàng

靓은 광동사투리인데 20년 전부터 천카이룬의 연애소설 속에서 많이 나오던 말이죠. 예쁘다, 아름답다는 말인데요. 扮靓이라는 말은 최근에 많이 사용되는 말이죠. 표현 자체가 매우 세련되게 들리니 당연히 빠른 속도로 퍼져 사용되고 있지요.

그 뜻인 즉 사람이 예쁘게 꾸몄을 때를 형용할 때 쓰거나 혹은 인테리어를 통해서 공간이 깔끔하고 깨끗하게 변했을 때도 扮靓을 쓰

기도 합니다. 扮靓은 打扮得漂亮의 준말 정도에 해당된다고 생각하면 되겠네요.

A 小方，今天这么扮靓，去哪儿？
Xiǎo fāng , jīn tiān zhè me bàn liàng , qù nǎr?

B 我今天拜访男友的父母。
Wǒ jīn tiān bài fǎng nán yǒu de fù mǔ.

A 难怪，祝你好运。
Nán guài, zhù nǐ hǎo yùn.

B 不过我现在很紧张，
Bú guo wǒ xiàn zài hěn jǐn zhāng,

我怕我做不好。
wǒ pà wǒ zuò bu hǎo.

A 샤오팡, 오늘 이렇게 예쁘게 꾸미고 어디가니?
B 오늘 남친 부모님들 뵈러 가.
A 어쩐지……. 행운을 빌게.
B 그런데 나 지금 엄청 긴장돼,
나 잘 못 할까봐 두려워.

 단어와 문법 이야기

拜访 bài fǎng 방문하다
紧张 jǐn zhāng 긴장하다
怕 pà 두렵다

 이렇게 사용해 봐~

这几天总是这么拌靓，你是不是有男朋友了？
zhè jǐ tiān zǒng shì zhè me bàn liàng, nǐ shì bú shi yǒu nán péng you le?
요즘 이렇게 예쁘게 꾸미는 게 너 혹시 남친 생긴 거 아냐?

A 你怎么了？有心事儿吗？
　Nǐ zěn me le? Yǒu xīn shì er ma?

B 我男友好像"劈腿"儿。前几天我看见他和一个"扮靓"的
　Wǒ nán yǒu hǎo xiàng "pī tuǐ" er. qián jǐ tiān wǒ kàn jiàn tā hé yí ge "bàn liàng" de

　女孩子在一起。
　nǚ hái zi zài yì qǐ.

A 我早说过他靠不住，你这个"孔雀女"。
　Wǒ zǎo shuō guo tā kào bú zhù, nǐ zhè ge "kǒng què nǚ".

B 我该怎么办？
　Wǒ gāi zěn me bàn?

A 外表是一时的，找个"经济适用男"，平平淡淡过一辈子，不是
　Wài biǎo shì yì shí de, zhǎo ge "jīng jì shì yòng nán", píng píng dàn dàn guò yí bèi zi, bú shi

　更好吗？
　gèng hǎo ma?

B 不过我很喜欢他啊？
　Bú guo wǒ hěn xǐ huān tā a?

A 该放手的时候放手，要不然受伤的还是你自己。再说结婚是两个
　Gāi fàng shǒu de shí hou fàng shǒu, yào bu rán shòu shāng de hái shi nǐ zì jǐ. zài shuō jié hūn shi liǎng ge

　人相爱，才能成立的，要不然再次出现"闪婚"现象。
　rén xiāng ài, cái néng chéng lì de, yào bu rán zài cì chū xiàn "shǎn hūn" xiàn xiàng.

B 让我冷静地想想吧。
　Ràng wǒ lěng jìng di xiǎng xiǎng ba.

A 好好想想吧。
　Hǎo hǎo xiǎng xiǎng ba.

B 嗯。
　ēn.

단어정리

· 靠不住 kào bú zhù 믿을 수 없다
· 平平淡淡 píng píng dàn dàn 평범하다
· 冷静 lěng jìng 마음을 가라앉히다

회화해석

A 너 왜 그래? 무슨 일 있어?

B 내 남친이 양다리 걸치는 거 같애. 며칠 전 그가 예쁘게 꾸민 여자랑
　같이 있는거 봤어.

A 내가 진작 말했잖아. 걔 못 믿는다고. 너 이 공작녀…….

B 어떡하지?

A 외모는 잠시야. 경제력 있는 남자를 만나서 평범하게 일생을 살아가
　는게 최고 아니겠니?

B 하지만 난 그를 엄청 좋아해.

A 놓아줘야 할 때 놓아줘야지. 안 그러면 상처받는 쪽은 너야. 그리고
　결혼은 두 사람이 서로 사랑해야 가능한거야. 안그러면 闪婚현상이
　다시 나타난다는 것이지.

B 나 신중히 생각 좀 해봐야겠어.

A 잘 생각해봐.

B 응.

새로 생긴 단어를 알아보자!

- **没女** méi nǚ | 몸매도 안되고 젊지도 않고 학력과 돈까지 없는 여자
- **剩女** shèng nǚ | 나이는 많지만 예쁘고 몸매도 좋고 고학력에 돈까지 많은 여자를 말함
- **孔雀女** kǒng què nǚ | 인터넷의 도시의 아이들(여성)
- **梦中情人** mèng zhōng qíng rén | 꿈 속의 연인
- **一网情深** yì wǎng qíng shēn | 사이버상에서 오직 한사람만 정성껏 사랑하는 것
- **劈腿** pī tuǐ | 양다리 걸치다
- **闪婚** shǎn hūn | 번개같이 결혼하고 번개같이 이혼하다
- **种草莓** zhòng cǎo méi | 키스하다
- **经济适用男** jīng jì shì yòng nán | 경제력이 뛰어난 남성
- **扮靓** bàn liàng | 꽤 이쁘게 꾸미다
- **闷骚** mēn sāo | 가식적이다. 겉으로는 굉장히 착한 척 하지만 사실은 그와 반대이다
- **俊男靓女** jùn nán liàng nǚ | 용모가 뛰어난 선남선녀
- **情圣** qíng shèng | 연애박사 (사랑을 받는 쪽)
- **情剩** qíng shèng | 거의는 연애박사와 반대성향 (사랑을 주는 쪽)
- **一夜情** yí yè qíng | 하룻 밤 사랑
- **擒人节** qín rén jié | 임시로 상대를 정하고 발렌타인 데이를 보내다
- **孔雀** kǒng què | 자신을 좋아하는 것으로 착각하다
- **爱情走私** ài qíng zǒu sī | 바람피다
- **大众情人** dà zhòng qíng rén | 한 사람에게 충실하지 않은 사람 혹은 많은 사람들의 사랑을 받는 사람, 예를 들면 연예인이나 운동선수
- **润物女** rùn wù nǚ | 자기 관리를 잘 할 줄 아는 여자
- **花心萝卜** huā xīn luó bo | 감정에 충실하지 못한 사람

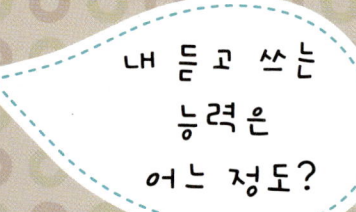

A 你怎么了？有心事儿吗？

B 我男友好像"¹⁾　　　　"儿。前几天我看见他和有一个

"²⁾　　　　"的女孩子在一起。

A 我早说过他³⁾　　　　，你这个"孔雀女"。

B 我该怎么办？

A 外表是一时的，找个"经济适用男"，平平淡淡过⁴⁾　　　　，

不是更好吗？

B 不过我很喜欢他啊？

A 该放手的时候放手，要不然受伤的还是你自己。再说结婚是两个人相

爱，才能成立的，要不然再次出现"⁵⁾　　　　"现象。

B 让我⁶⁾　　　　地想想吧。

A 好好想想吧。

B 嗯。

Part 06

别解

다르게 해석되는 단어

051_冬瓜
Dōng guā

중국의 冬瓜를 혹시 보신 적이 있습니까? 얼핏 보기에는 한국의 호박처럼 보이지만 참호박 보다도 길이가 짧고 통통하게 생긴 야채의 일종이죠. 그래서 친구나 다른 사람들이 혹 살이 쪘다면 정말 冬瓜같애. 혹은 "헤이, 冬瓜"라고 부르기도 하지요. 한국에선 특히 뚱뚱한 사람들이 콤플렉스를 가지고 있는 사람들이 많죠? 중국도 마찬가지 입니다. 그래서 다이어트하는 사람도 많고 다이어트약 광고도 많이 하고 시중에서 많이 판매를 하죠.

진짜 뚱뚱한 사람에게나 혹은 현재 아주 열심히 다이어트를 하는 사람에게 冬瓜라고 부르면 기분이 상하겠죠?

A 你怎么胖得像个冬瓜似的？
Nǐ zěn me pàng de xiàng ge dōng guā shì de?

活得很开心吗？
Huó de hěn kāi xīn ma?

B 我这几天胖得连鞋带也不能系。
Wǒ zhè jǐ tiān pàng de lián xié dài yě bù néng jì.

A 多运动减肥吧，胖了对健康不好。
Duō yùn dòng jiǎn féi ba, pàng le duì jiàn kāng bù hǎo.

B 很容易胖起来，
Hěn róng yì pàng qǐ lái,

但减肥可就太难了。
dàn jiǎn féi kě jiù tài nán le.

A 너 왜 이렇게 동과처럼 뚱뚱해졌어.
사는 게 즐거운가 보지?
B 요즘 뚱뚱해서 신발 끈도 못 맨다.
A 운동 좀 많이 해. 살찌면 건강에 안좋아.
B 찌기는 쉬워도 빼기는 너무 힘들어

 단어와 문법 이야기

系 jì (신발 끈, 넥타이 등을) 매다
胖起来 pàng qǐ lái 뚱뚱해 지다

 이렇게 사용해 봐~

再不减肥的话真要变成冬瓜了。
Zài bù jiǎn féi de huà zhēn yào biàn chéng dōng guā le.
더 이상 다이어트를 안한다면 정말 冬瓜가 될거야.

052 猪头
Zhū tóu

한국에서 가게를 오픈하거나, 새 차를 사거나 아님 어떤 중요한 행사를 할 때 가보면 돼지머리(猪头)를 쉽게 볼수 있죠? 그러고 보면 돼지는 참 좋은 일을 하는 듯 싶어요. 사실 돼지란 동물은 원래 좀 미련해 보이며 먹는 일 이외엔 잠만 자죠. 그래서 사람이 좀 미련할 때 놀리거나 좀 못생겼을 때는 猪头라고 말합니다. 그리고 공부를 잘 못하는 학생에게 사용하기도 하지요. "너 돼지머리(猪头) 아니니? 몇 번을 설명했는데 아직도 몰라?"라고 말을 할 수 있겠지요. 이와 같이 猪头는 상대방을 비하하는 말이기에 친구들 한테 함부로 쓰면 안되겠죠?

A 真是猪头我说明了好几次还是不明白。
Zhēn shì zhū tóu wǒ shuō míng le hǎo jǐ cì hái shì bù míng bai.

B 你说得太快。能不能慢点儿?
Nǐ shuō de tài kuài. néng bu néng màn diǎner.

A 好的，我最后再说明一遍，
Hǎo de, wǒ zuì hòu zài shuō míng yí biàn,

你可别说不明白。
nǐ kě bié shuō bù míng bai.

B 知道了。
Zhī dao le.

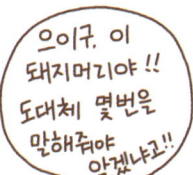

A 너 정말 돼지머리네, 내가 몇 번을 설명해 줘도 모르고 말이야.

B 네 말이 너무 빠르잖아. 좀 천천히 말할 수 없겠니?

A 좋아, 이제 마지막으로 말한다, 너 모른다고 하지마.

B 알았어.

 단어와 문법 이야기

遍 biàn ~번
明白 míng bai 똑똑히 알다

 이렇게 사용해 봐~

你看你不学习，真要变成猪头了
Nǐ kàn nǐ bù xué xí, zhēn yào biàn chéng zhū tóu le.
봐 봐 공부 그렇게 안하더니 정말 둔해졌네.

053_嬰儿
Yīng er

이 말은 원래 아기라는 뜻인데 왜 욕이 되었을까요? 풀이해 보면 다음과 같아요. 嬰儿를 영어로 말하면 baby가 되는데 이는 중국어의 卑鄙와 발음이 비슷하기 때문에 비열하다로, 아기들은 침을 아래로 흘리기 때문에 下流(삼류들)로 표현하고 치아가 없기 때문에 无齿(치아가 없다)와 발음이 같은 无耻(파렴치하다)한 사람이라고 은근히 빗대기도 합니다.

너무나도 기발하다고 할까요?

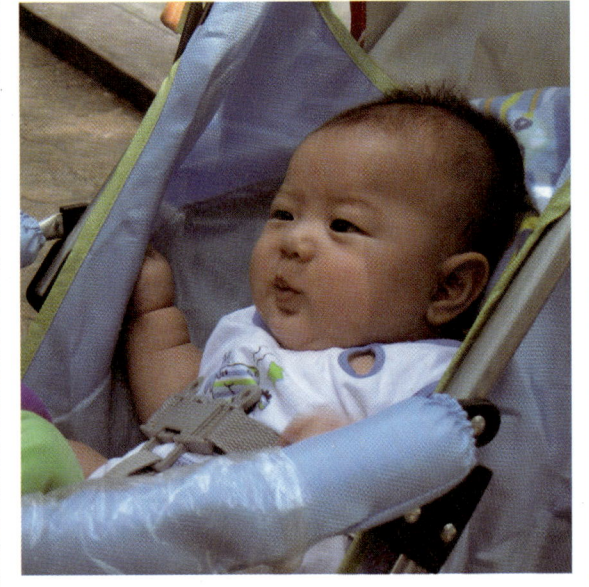

어떻게 이런 생각을 다 하고 그런 말들을 만들어 낼 수 있는지 참 대단해요. 한국에서 애기 같다고 하면 꼭 나쁜 말이 아니잖아요. 하지만 만약 중국어로 "你真嬰儿"라고한다면 절대로 좋아서 웃을 일이 아닙니다.

A 她可真婴儿。
Tā kě zhēn yīng ér.

B 又怎么了?
Yòu zěnme le?

A 明知道我喜欢他，却先对他表示。
Míng zhī dào wǒ xǐ huān tā, què xiān duì tā biǎo shì.

B 这不能怪他，爱情本来是自私的，
Zhè bù néng guài tā, ài qíng běn lái shì zì sī de,

你懂不懂?
nǐ dǒng bu dǒng?

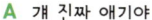

A 걔 진짜 애기야

B 또 왜?

A 분명히 내가 그 사람을 좋아하는 줄 알면서 오히려
그녀가 먼저 고백했지 뭐야.

B 그를 나무랄 수는 없지. 사랑은 원래 이기적인 거야,
너 몰라?

 단어와 문법 이야기

明知道 Míng zhī dào 분명히 알다
却 què 오히려
怪 guài 나무라다
自私 zì sī 이기적이다

 이렇게 사용해 봐~

你可真是个婴儿。
Nǐ kě zhēn shì ge yīng er.
너 정말 비열해.

054_天才
Tiān cái

천재란 말은 참 좋은 말이죠. 하지만 이 천재를 요즘 신세대들은 좀 안 좋은 말로 해석을 하기도 하는데요. 天生的蠢材, 天生은 태어나면서 부터라는 뜻이고 蠢材는 둔재 혹은 미련한 사람이란 뜻이지요. 즉 天生的蠢材는 태어나서 부터 둔재라는 뜻이지요.

만약 他是天才라 한다면 그것은 곧 그는 천재이다, 혹은 그는 둔재나 미련한 놈이다라는 두 개의 뜻을 다 갖고 있기에 잘 판단해야겠죠.

A 新新人眼里天才和蠢材可是差不多。
Xīn xīn rén yán lǐ tiān cái hé chǔn cái kě shì chà bu duō.

B 两个可是相反的意思。
Liǎng ge kě shì xiāng fǎn de yì si.

A 但他们把天才解释成天生的蠢材。
Dàn tā men bǎ tiān cái jiě shì chéng tiān shēng de chǔn cái.

B 现在啊，被人骂还不知道是骂的。
Xiàn zài a, bèi rén mà hái bù zhī dào shì mà de.

A 新新人의 눈에 천재와 둔재는 비슷해.
B 서로 반대되는 말이잖아.
A 그러나 그들은 천재를 날 때부터 둔재로 해석하지.
B 요즘은, 욕을 먹어도 욕 먹은 지도 모르겠어.

 단어와 문법 이야기

蠢材 chǔn cái 둔재
相反 xiāng fǎn 반대되다
骂 mà 욕하다

※ 新新人의 해석:
20세기 80년대 이후에 태어난 사람들을 부르는 말이
다. 신세대라고 해도 괜찮음.

 이렇게 사용해 봐~

你可真天才啊。
Nǐ kě zhēn tiān cái a.
너 정말 둔재구나.

055_神童 Shén tóng

요즘 젊은 사람들이 직설적이지만, 한편으로 말을 꼭 집어서 하지 않고 돌려서 말을 많이 하기도 하지요. 이는 어찌 보면 유교문화권 국가들이 갖는 공통점이라 할 수 있겠지요. 神童은 일반적으로 똑똑하고 영민한 어린 꼬마를 지칭하는 말이죠. 하지만 다르게 해석하면 바로 정신병자 어린이를 가리키기도 해요. 즉, 神经病儿童。이 말을 모르면 그냥 앉아서 당하거나 뜻도 모르면서 좋아라 할 수도 있겠지요?

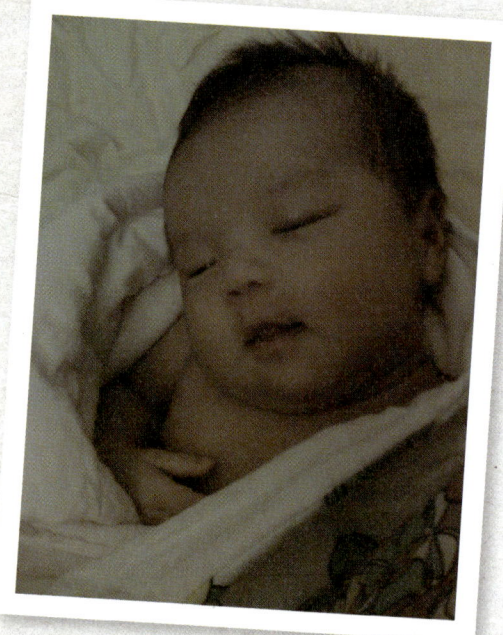

A 我们班的那两个神童又出事了。
Wǒ men bān de nà liǎng ge shén tóng yòu chū shì le.

B 出什么事了?
chū shén me shì le?

A 抄写作业，内裤外穿，被老师发现了。
Chāo xiě zuò yè, nèi kù wài chuān, bèi lǎo shī fā xiàn le.

B 真是活该!!
Zhēn shì huó gāi!!

A 우리 반의 두 '신동'이 또 일냈어.
B 무슨 일?
A 숙제를 베끼고 속바지를 겉에다 입다가 선생님께 들켰어.
B 정말 쌤통이다.

 단어와 문법 이야기

抄写 Chāo xiě (숙제를) 베끼다
内裤 nèi kù 속바지

 이렇게 사용해 봐~

喂，两个神童，去哪儿啊?
Wèi, liǎng ge shén tóng , qù nǎr a?
헤이, 두 神童, 어디가니?

056_ 可爱
Kě ài

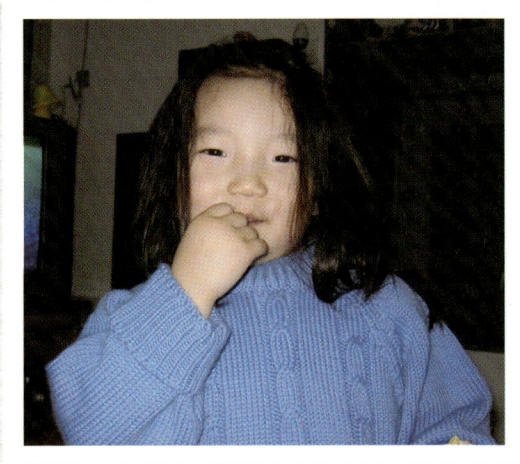

커엽다는 말이지요. "你真可爱"하면 "너 정말 귀여워." 참 듣기 좋은 말이죠? 헌데 이말은 "너 불쌍하게도 사랑하는 사람이 없네"라는 뜻으로 쓰일 수 있다는 것이죠. 왜냐면 **可**는 불쌍하다(**可怜**)의 준 말로 **爱**는 사랑 할 사람이 없다(**没人爱**)의 준 말이기 때문이죠. 그래서 남친 혹은 여친이 없는 사람들은 이 말을 잘 새겨들어야 해요. 알았죠?

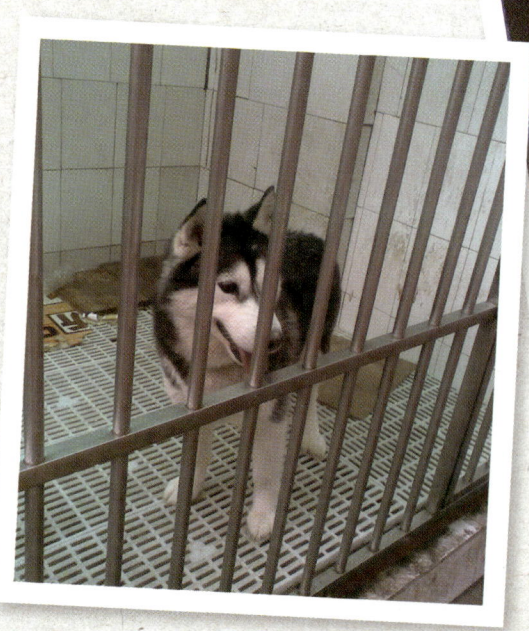

A 这世上我最可爱了，
Zhè shì shàng wǒ zuì kě ài le,

总是一个人过情人节。
zǒng shì yí ge rén guò qíng rén jié.

B 你不是说你不需要吗？
Nǐ bú shì shuō nǐ bù xū yào ma?

A 情人节的时候很需要啊。
Qíng rén jié de shí hou hěn xū yào a.

B 啊？那你随便找一个人过情人节吧。
Á? Nà nǐ suí biàn zhǎo yí gè rén guò qíng rén jié ba.

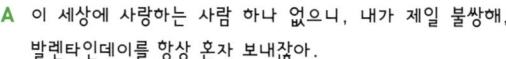

A 이 세상에 사랑하는 사람 하나 없으니, 내가 제일 불쌍해,
발렌타인데이를 항상 혼자 보내잖아.
B 너 필요 없다고 했잖아.
A 발렌타인데이 때는 필요해.
B 그래? 아무나 하나 잡아 발렌타인 보내.

 단어와 문법 이야기

需要 xū yào 필요하다
随便 suí biàn 편하다, 마음대로

 이렇게 사용해 봐~

我好可爱啊，就我一个没有男朋友。
Wǒ hǎo kě ài a, jiù wǒ yí ge méi yǒu nán péng you.
애인이 없는 난 너무 불쌍해, 나만 남친이 없잖아.

057 _ 白菜 Bái cài

배추는 우리가 많이 먹기도 하고 주변에서 흔히 볼 수 있는 채소지요. 특히 한국인들이 김치를 담글 때 배추는 없어서는 안될 중요한 재료 중의 하나지요. 하지만 이 역시 다른 뜻으로 쓰이곤 한답니다. 주위를 살펴보면 못 생겼지만 공부도 잘하고 참 똑똑한 아이들이 있는 반면에, 예쁘지만 어딘지 모르게 바보스럽게 보이는 여자애들이 있지요? 바로 이렇게 예쁘게 생겼지만 좀 바보스럽게 보여지는 여자애를 배추라고 표현을 하지요. 어쩐지 백치미가 생각나지요?

A 我们班的几棵白菜都是村农。
　　Wǒ men bān de jǐ kē bái cài dōu shì cūn nóng.

B 那很好啊，很纯朴吗？给我介绍一个吧。
　　Nà hěn hǎo a, hěn chún pǔ ma? Gěi wǒ jiè shào yí ge ba.

A 但有时很害怕，很难对付。
　　Dàn yǒu shí hěn hài pà, hěn nán duì fu.

B 那我不敢了。
　　Nà wǒ bù gǎn le.

A 우리 반에 배추 몇 포기 있는데 모두 시골 애들이야.
B 얼마나 좋아? 참 순수하지? 나한테 소개 좀 해줘.
A 근데 가끔 겁나, 대처하기가 어려워.
B 그럼 됐어.

 단어와 문법 이야기

纯朴 chún pǔ 순박하다
对付 duì fu 대처하다

 이렇게 사용해 봐~

她长得挺漂亮的,只不过是一棵白菜。
Tā zhǎng de tǐng piào liang de, zhǐ bú guo shi yì kē bái cài.
그녀는 생긴 건 아주 예쁜데, 한 포기 배추일 뿐야.

058_ 爱心
Ài xīn

사랑 爱자에 마음 心자 사랑하는 마음이란 뜻이지요. 즉, 사랑하는 마음을 가지다란 뜻이겠지요. "有一颗爱心"란 말을 TV나 주위에서 가끔 듣는데요. 이 말을 요즘 신세대들은 이렇게 재미난 해석을 한답니다. 爱는 돈을 사랑하다(爱钱)의 준 말로 心은 양심이 없다(没良心)의 준 말로 즉, 爱心은 돈을 사랑하고 양심이 없는 사람을 말하지요. 요즘 한국의 '된장녀(남)'와 비슷하지요?

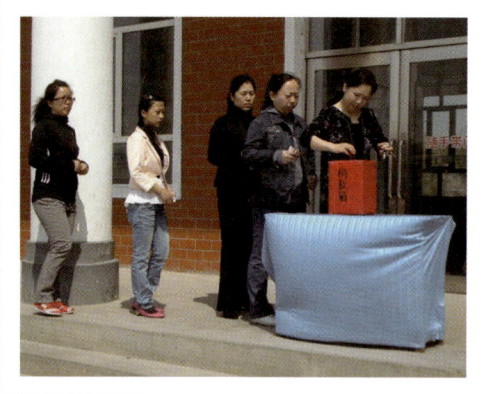

A 现在爱心女孩儿很多。
　　Xiàn zài ài xīn nǚ háier hěn duō.

B 我每个月挣的钱少，没钱给女朋友。
　　Wǒ měi ge yuè zhèng de qián shǎo, méi qián gěi nǚ péng you.

A 那不行，有一天你女朋友会离开你的，
　　Nà bù xíng, yǒu yì tiān nǐ nǚ péng you huì lí kāi nǐ de,

　　你得多加努力挣钱。
　　nǐ děi duō jiā nǔ lì zhèng qián.

B 我不那么想。有了爱情什么都不怕，
　　Wǒ bú nà me xiǎng. yǒu le ài qíng shén me dōu bú pà,

　　钱不是万能的。
　　qián bú shì wàn néng de.

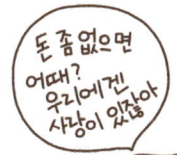

A 요즘 돈 좋아하고 양심없는 여자애들이 많아, 조심해야해.
B 난 월급이 적어. 여친한테 줄 돈 없어.
A 그럼 안되지, 언젠가 여친이 널 떠나게 될거야,
　　열심히 돈 벌어야지.
B 난 그렇게 생각안해. 사랑이 있으면 두려울 게 없어.
　　돈이 다는 아니잖아.

 단어와 문법 이야기

小心 xiǎo xīn 조심하다
离开 lí kāi 떠나다
万能 wàn néng 만능

 이렇게 사용해 봐~

都说钱不是万能的，但没钱什么都办不
成，不能说她爱心。
Dōu shuō qián bú shi wàn néng de, dàn méi
qián shén me dōu bàn bu chéng, bù néng shuō
tā ài xīn.
돈이 다가 아니라고 모두들 말하지만 돈이 없으면 아
무것도 할 수 없기에 그녀를 돈만 좋아하고 양심이 없
다라고 말할 수 만은 없는거야.

059 _ 青菜
Qīng cài

중국에서 자라는 방언 박초이(pakchoi), 혹은 체채(体菜)라고 하는 양배추 비슷한 채소 이름인데요. 青菜는 중국의 평범한 가정에서도 자주 먹는 가장 흔하고 별로 비싸지 않는 채소지요. 해서 보통 캠퍼스 내에서 경제적으로 넉넉하지 않고 약간 바보스러운 학생을 青菜라고 칭한답니다. 결코 듣기 좋은 말은 아니죠?

A 现在啊，没钱就成了青菜。
Xiàn zài a, méi qián jiù chéng le qīng cài.

B 社会变了，人的生活水平提高了
Shè huì biàn le, rén de shēng huó shuǐ píng tí gāo le

没钱什么也成不了的时代。
méi qián shén me yě chéng bù liǎo de shí dài.

A 我都不敢毕业了，怎么面对激烈的竞争？
Wǒ dōu bù gǎn bì yè le, zěn me miàn duì jī liè de jìng zhēng?

B 没别的办法了，现在什么都不要想，
Méi bié de bàn fǎ le, xiàn zài shén me dōu bú yào xiǎng,

就想good good study day day up。
jiù xiǎng~.

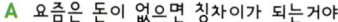

A 요즘은 돈이 없으면 칭차이가 되는거야.
B 사회가 변했어, 사람들의 생활수준도 높아지고 돈이 없음
안되는 시대가 되어버렸어.
A 난 감히 졸업을 못하겠어, 그 치열한 경쟁에 어떻게 대응하지?
B 다른 방법이 없잖아. 지금은 아무것도 생각말고, 열심히 공부해서
앞으로 나아가자는 생각만 하면 돼.

 단어와 문법 이야기

成 chéng ~되다
激烈 jī liè 치열하다

 이렇게 사용해 봐~

我真讨厌那两个青菜，真是没有现实感。
Wǒ zhēn tǎo yàn nà liǎng ge qīng cài, zhēn shi méi yǒu xiàn shí gǎn.
나 저 두 칭차이가 정말 밉거든, 정말 현실감이 없어.

060 _ 呆呆 Méi

인터넷 상에서 요즘 정말 많이 유행하는 말이죠. 아마 인터넷을 하는 사람은 이 글자를 쉽게 볼 수 있는데요, 呆자는 바보스럽다는 뜻이라는 것은 알고 있죠? 신세대들은 呆와 呆를 붙인 글씨를 만들어 내서 아주 바보스럽다란 뜻으로 사용하고 있죠. "你呆呆" 글자만 봐도 바보스럽다는 두 글자로 구성되었기에 중국어를 어느정도 공부하신 분들은 무슨 뜻인지를 바로 알수 있겠죠?

A 我看你呢有点呆他呢眯。
Wǒ kàn nǐ ne yǒu diǎn dāi tā ne méi.

B 你这话是什么意思？
Nǐ zhè huà shì shén me yì si?

A 放假了人家都高高兴兴回家了，
Fàng jià le rén jiā dōu gāo gāo xìng xìng huí jiā le,

就你俩留在图书馆。
jiù nǐ liǎ liú zài tú shū guǎn.

B 那你为什么说他眯？
Nà nǐ wèi shén me shuō tā méi?

A 你看他，在图书馆不学习睡觉。
Nǐ kàn tā, zài tú shū guǎn bù xué xí shuì jiào.

A 내가 보기에 너는 약간 바보스럽고 쟤는 뭐뭐해(더 바보 같애).
B 그게 무슨 말이야?
A 방학해서 사람들은 모두 즐거운 맘으로 집에 가는데
너희 둘만 도서관에 남아있잖아.
B 헌데 쟤는 왜 뭐뭐야?
A 봐라, 도서관에서 공부하지 않고 잠만 자잖아.

 단어와 문법 이야기

放假 Fàng jià 방학하다
意思 yì si 뜻, 의미

 이렇게 사용해 봐~

突然自退清华大学，不知道他想什么，我
看他眯。
Tū rán zì tuì qīng huá dà xué, bù zhī dao tā
xiǎng shén me, wǒ kàn tā méi.
갑자기 청화대학을 자퇴하고 정말 걔가 무슨 생각을
하는지 모르겠어. 내가 보기에는 바보스러운거지.

A 现在爱心的人很多。
　　Xiàn zài ài xīn de rén hěn duō.

B 怎么了?
　　Zěn me le?

A 我的女朋友跟有钱的贵公子跑了。
　　Wǒ de nǚ péng you gēn yǒu qián de guì gōng zi pǎo le.

B 你对他那么好，我看她可真是 "天才"，她会后悔的。
　　Nǐ duì tā nà me hǎo , wǒ kàn tā kě zhēn shi "tiān cái", tā huì hòu huǐ de.

C 我突然想起小方了，她对你可是一片真心，胖得像个冬瓜怎么的，
　　wǒ tū rán xiǎng qǐ xiǎo fāng le, tā duì nǐ kě shi yí piàn zhēn xīn, pàng de xiàng ge dōng guā zěn me de,

　　人实在就好了。
　　rén shí zài jiù hǎo le.

B 不过那贵公子可真是婴儿, 抢走你的女朋友。
　　bú guo nà guì gōng zi kě zhēn shi yīng er, qiǎng zǒu nǐ de nǚ péng you.

A 他槑，不过我倒挺感谢他, 因为他,我知道了我的女友是什么样的人。
　　Tā méi, bú guo wǒ dào tǐng gǎn xiè tā, yīn wèi tā, wǒ zhī dào le wǒ de nǚ yǒu shi shén me yàng de rén.

B 算你走运。
　　Suàn nǐ zǒu yùn.

A 我现在舒服多了。
　　Wǒ xiàn zài shū fu duō le.

B 有烦心事儿随时找我吧。
　　Yǒu fán xīn shì er suí shí zhǎo wǒ ba.

단어정리

- **贵公子** guì gōng zi 귀공자
- **随时** suí shí 언제 어디서나

회화해석

A 지금은 돈을 좋아하고 양심이 없는 사람이 참 많아.

B 왜?

A 내 여친이 돈 많은 귀공자한테 갔어.

B 너 걔한테 진짜 잘 했는데. 걔 진짜 미련하네. 결국 후회할거야.

C 갑자기 불현듯 샤오팡이 생각나네. 너한테 일편단심이었잖아. 동과처럼 뚱뚱하지만 사람이 진실성이 있으면 그게 최고야.

B 헌데 그 귀공자 정말 '애기'네. 네 여친을 빼앗고 말야.

A 걘 진짜 槑한거지. 걔한테 고마워하고 있지, 걔 때문에 여친이 어떤 사람인지 알았잖아.

B 행운이라면 행운이네.

A 지금 진짜 편안해졌어.

B 고민있음 언제든지 연락해.

새로 생긴 단어를 알아보자!

- 冬瓜 dōng guā ┃ 뚱뚱한 사람을 비유할 때 쓰는 말
- 猪头 zhū tóu ┃ 사람이 좀 바보스럽게 놀거나 좀 못생긴 사람
- 婴儿 yīng ér ┃ 파렴치하고 비열하고 저질스럽다
- 天才 tiān cái ┃ 태어나서 부터 둔재, 미련한 놈 등
- 神童 shén tóng ┃ 정신병자 아이
- 可爱 kě ài ┃ 불쌍하게도 애인할 사람이 없다는 뜻
- 白菜 bái cài ┃ 아름다운데 좀 바보스럽게 보여지는 여성, 백치미 있는 여성
- 爱心 ài xīn ┃ 돈만 좋아하고 양심이 없는 사람
- 青菜 qīng cài ┃ 캠퍼스 내에서 경제적으로 넉넉치 않으면서 바보스러운 학생
- 槑 méi ┃ 굉장히 바보스럽다는 뜻
- 白萝卜 bái luó bo ┃ 외모도 지극히 평범하고 공부도 가정 형편도 그저 평범한 학생
- 人柴 rén cái ┃ 인간 쓰레기
- 野鸡 Yě jī ┃ 기생
- 同志 Tóng zhì ┃ 게이 (동성애자)
- 耐看 nài kàn ┃ 얼굴만 이쁜 것이 아니라 품위있고 귀엽고 하여간 漂亮(예쁘다)으로는 표현이 부족할만큼 다방면의 아름다움을 갖췄을 때 쓰면 된다
- 善良 Shàn liáng ┃ 변덕스럽고 양심이 없다
- 研究国粹 Yán jiū guó cuì (学习文件 xué xí wén jiàn) ┃ 마작을 하다
- 太平公主 Tài píng gōng zhǔ ┃ 가슴이 작다

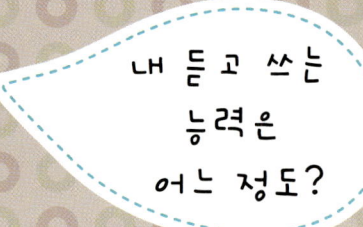
A 现在爱心的人很多。

B 怎么了？

A 我的女朋友跟有钱的贵公子跑了。

B 你对他那么好，我看她可真是"天才"，她会 [1)   ] 的。

C 我 [2)   ] 想起小方了，她对你可是一片真心，胖得像个冬瓜怎么的，人实在就好了。

B 不过那贵公子可真是婴儿,抢走你的女朋友。

A 他槑，不过我倒挺 [3)   ] 他，因为他,我知道了我的女友是什么样的人。

B 算你走运。

A 我现在 [4)   ] 多了。

B 有 [5)   ] 事儿 [6)   ] 找我吧。

정답

1) 后悔 2) 忽然 3) 感谢 4) 轻松 5) 闹心 6) 随时

Part 07

强调

강조

061_汗

Hàn

원래는 땀이라는 명사인데요. 요즘 인터넷 상에서는 감탄사나 형용사로 쓰이면서 어떤 사실이나 사물에 놀란 후 어색하고 어쩔 줄 모르거나 할 말이 없을 때 자주 씁니다. 어떨 땐 寒이라고도 쓰고요, 동사로도 쓰입니다. 혼자 놀라서 땀을 삐질삐질 흘릴 때 쓰지요. 예를 들면 어떤 재밌는 경기를 볼 때 한국말로 표현하면 손에 땀을 쥐고 본다는 말이 있죠? 바로 이때 真汗이라고

표현을 할 수 있습니다. 또 상대방의 정곡을 찌르는 질문에 미처 답변을 못할 때도 마찬가지로 쓸 수 있는 표현입니다.

A 韩国队和德国队的足球比赛你看了吗?
  Hán guó duì hé dé guó duì de zú qiú bǐ sài nǐ kàn le ma?

B 看了，真汗!!
  Kàn le, zhēn hàn!!

A 对，太精彩了。
  Duì, tài jīng cǎi le.

B 韩国队的朴智星真是踢得很好。
  Hán guó duì de piáo zhì xīng zhēn shì tī de hěn hǎo.

A 너 한국과 독일이 축구하는 거 봤니?
B 봤어, 정말 치열했어.
A 맞아, 정말 대단했지.
B 한국팀의 박지성 진짜 잘 하더라.

 단어와 문법 이야기

精彩 jīng cǎi 훌륭하다
踢 tī (공을) 차다

 이렇게 사용해 봐~

楼主观点超强，真是汗啊。
Lóu zhǔ guān diǎn chāo qiáng, zhēn shi hàn a.
작자의 관점이 너무 강렬해서 정말 진땀이 나네.

062_晕
Yūn

원래 晕의 뜻은 어떤 물체에 부딪쳤거나 혹은 몸이 안좋아서 또는 어떤 상황이 정상적인 범위를 지나쳤을 때 쓰는 표현이죠. 예를 들면 1.我有点晕(나 좀 어지럽네) 2.头也晕了(아찔 할 지경이야). 사실 두 문장 다 일상생활에서 우리가 자주 쓰게되는 말이죠. 헌테 요즘 인터넷 상에서는 감탄사 혹은 동사로 많이 쓰이고 있는데 "와~ 무슨 말인지 하나도 모르겠어", "돌겠네"에서 바로 "돌겠네"로 통한다는 겁니다. 요즘 한국의 젊은이들이 흔히 쓰는 '헐~'하고도 그 의미가 상통하겠죠?

A 好长时间没上网了，
　Hǎo cháng shí jiān méi shàng wǎng le,

怎么新词这么多，晕。
zěn me xīn cí zhè me duō, yūn.

B 哪个词不明白，问我吧。
　Nǎ ge cí bù míng bai, wèn wǒ ba.

A 槑是什么意思？
　Méi shì shén me yì si?

B 呆+呆=槑非常呆的意思。
　Dāi + dāi = méi fēi cháng dāi de yì si.

A 오랫동안 인터넷을 안했더니 새로운 단어가
왜 이렇게 많아, 돌겠다.
B 뭘 모르는데, 나한테 물어 봐.
A 槑가 무슨 말이야?
B 바보+바보 즉, 아주 바보라는 뜻이지.

 단어와 문법 이야기

上网 shàng wǎng 인터넷을 하다
意思 yì si 뜻, 의미

 이렇게 사용해 봐~

强文，一个字都看不懂耶，晕。
Qiáng wén, yí ge zì dōu kàn bu dǒng ye, yūn.
문장이 너무 어려워서, 한 글자도 못 알아 보겠네. 기절하겠어.

坛子里一个MM都没有啊，晕。
Tán zi li yí ge MM dōu méi yǒu a, yūn.
이 사이트(논단)에 예쁜 사람이 하나도 없네. 기절하겠어.

※ MM: 妹妹 mèi mei (여동생), 美眉 měi méi (예쁜 여인)의 준말이다

감탄사로 쓰이죠. 어떤 일에 굉장히 놀라서 몸의 균형을 잃고 쓰러지다는 뜻입니다. 일상생활에서 어떤 충격적인 일을 당했을 때 몸을 가누지 못하고 넘어진다는 의미로도 쓸 수 있겠지요.

위의 晕과 같이 써서 晕倒了라는 말도 많이 써요. 晕倒了는 두가지 의미를 다 가지고 있는데 정말 기

절했을 수도 있고 혹은 어떤 일이 내 맘대로 되지 않을 때 "기절하겠네.", "돌아 가시겠네."로 자신의 마음을 표현할 수 도 있어요.

A 在火车上钱被人偷了。怎么会这样呢?
Zài huǒ chē shàng qián bèi rén tōu le. Zěn me huì zhè yàng ne?

我倒!!!
wǒ dǎo!!!

B 丢了多少钱?
Diū le duō shao qián?

A 那可是我一个学期的学费和生活费。
Nà kě shì wǒ yí ge xué qī de xué fèi hé shēng huó fèi.

B 倒! 你怎么这么马虎呢?
Dǎo! nǐ zěn me zhè me mǎ hu ne?

A 기차에서 돈을 잃어버렸네. 어떻게 이럴수가 있니?
돌아 버리겠어.
B 얼마나 잃어버렸어?
A 그 돈은 내 한 학기 등록금과 생활비야.
B 기절하겠네! 너 어쩜 그렇게 조심성이 없니?

❤ **단어와 문법 이야기**

偷 tōu 훔치다
马虎 mǎ hu 데면데면하다

🍀 **이렇게 사용해 봐~**

这样也行啊! 倒!
Zhè yàng yě xíng a! dǎo!
이렇게 해도 돼! 돌아버리겠네!

064_挂
Guà

挂는 원래 걸려있다라는 뜻인데요. 요즘 신세대들은 새롭게 해석을 하기도 하지요. 게임에서나 실제로 어떤 인물이 사망했을 때, 혹은 어떤 일에서 실패를 했을 때 挂了라고 표현을 합니다. 예를 들면 컴상에서 어떤 인물을 XX라고 표시한다면 XX挂了혹은 "XX逃课挂了好几次了。"(XX가 강의 째끼다가 여러 번 실패했어)라고 표현을 할 수 있습니다.

그러고 보니 한국말에 "딱 걸렸어"라는 말이 있는데 이거 혹시 한국에서 중국으로 건너간 말이 아닐까요? ㅋㅋㅋ

A 逃课归逃课，但是挂了就糟了。
Táo kè guī táo kè, dàn shì guà le jiù zāo le.

B 对，我想逃几次，都挂了，现在不敢了。
Duì, wǒ xiǎng táo jǐ cì, dōu guà le, xiàn zài bù gǎn le.

A 我教你一手？我到现在一次也没挂。
Wǒ jiāo nǐ yì shǒu? wǒ dào xiàn zài yí cì yě méi guà.

B 不用了，老师说我再逃课，
Bú yòng le, lǎo shī shuō wǒ zài táo kè,

就告诉我父母。
jiù gào sù wǒ fù mǔ.

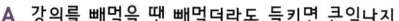

A 강의를 빼먹을 땐 빼먹더라도 들키면 큰일나지.
B 맞어, 나도 몇 번 도망치려 했는데 다 실패했어,
지금은 감히 생각도 못해.
A 내가 한 수 가르쳐 줄까? 난 지금까지 한 번도 실패 안했는데.
B 됐어, 교수님께서 한 번 더 걸릴 땐 부모님께 알린대.

 단어와 문법 이야기

逃课 táo kè 수업을 빼먹다
糟 zāo 좋지 않은 상황에 처했을 때 하는 말

 이렇게 사용해 봐~

今天网速太卡了，都挂了N次了！
Jīn tiān wǎng shù tài kǎ le, dōu guà le N cì le!
오늘 인터넷 속도가 너무 느려, 벌써 몇 번 째 다운이
야.

逃课归逃课，但是挂了就糗大了。
Táo kè guī táo kè, dàn shi guà le jiù qiǔ dà le.
강의 안 받고 도망간다 할지라도 그러다 걸리면 완전
큰 코 다치지.

065_顶

dǐng

영어로 직역하면 up이라는 뜻이고요, 온 힘을 다해 어떤 물체를 들어올려 가라앉지 않게 한다라는 의미나, 또는 지붕, 정상, 최고 등등 이라는 뜻이 있어요. 또한 어떤 일에 맞선다는 뜻도 있고요. 예를 들면 형아한테 동생이 顶(맞설)때 형아한테 자꾸 顶(맞서지)마 하고 할 수 있고 혹은 인터넷 상에서 게시판에 이미 올린 글들은 시간이 지나면서 새로운 글에 의해 뒤로 밀리잖아요? 이때 첫 자리를 차지하기 위해서 好文章, 我顶, 我再顶, 大家一起顶 하면서 첫 자리를 차지하려고 힘을 기울이는데 이때도 자주 씁니다.

A 谁敢顶我，就出来吧。
Shuí gǎn dǐng wǒ, jiù chū lai ba.

B 我顶你。
Wǒ dǐng nǐ.

A 你不要光说顶，证明给我看。
Nǐ bú yào guāng shuō dǐng, zhèng míng gěi wǒ kàn.

B 这倒不难，你给我几天时间。
Zhè dào bù nán, nǐ gěi wǒ jǐ tiān shí jiān.

A 누가 감히 나랑 맞설거야?
B 내가 너랑 맞서보지.
A 말 만하지 말고 한 번 증명해 보지?
B 어렵지 않지, 내게 며칠만 시간 좀 줘봐.

 단어와 문법 이야기

光 guāng (말, 웃기등)만 하다고 말할 때
证明 zhèng míng 증명하다

 이렇게 사용해 봐~

好文章，我顶，我再顶，大家一起顶。
Hǎo wén zhāng, wǒ dǐng, wǒ zài dǐng, dà jiā yì qǐ dǐng.
좋은 문장이야, 내가 맞설께, 내가 다시 맞설께, 우리 같이 맞서자.

두 가지 뜻으로 쓰이는데 하나는 비키다는 뜻이죠. 단순히 비키다는 뜻이 아니고 예의상 품위 있게 그 일에 끼어들지 않고 비켜준다는 의미로 비키다거나 혹은 이야기가 별로 내키지 않거나 서로 마음이 통하지 않아서 비킨다는 의미가 있습니다.

또 다른 뜻은 너무 아름답거나 현란하고 눈부시다는 뜻도 있지요. 예를 들면 "你们聊, 我闪了。"(너희들 얘기해, 내가 비켜줄께)나 혹은 "超闪的钻石戒指。"(아주 눈부신 다이아몬드 반지)라고 할 때도 씁니다.

A 我的男友给我买了超闪的项链，
　　Wǒ de nán yǒu gěi wǒ mǎi le chāo shǎn de xiàng liàn,

　　我正在兴奋中。
　　wǒ zhèng zài xìng fèn zhōng.

B 你的男友很有钱。
　　Nǐ de nán yǒu hěn yǒu qián.

A 他没有钱，他只有漂亮的女友。
　　Tā méi yǒu qián, tā zhǐ yǒu piào liàng de nǚ yǒu.

B 我闪了，妒嫉。
　　Wǒ shǎn le, dù jí.

A 남친이 나한테 엄청 멋진 목걸이를 사줘서
　　나 지금 흥분중이야.
B 네 남친 정말 돈 많네.
A 걔 돈없어, 예쁜 여친만 있을 뿐이야.
B 비켜 줄께, 질투나.

💗 **단어와 문법 이야기**

项链 xiàng liàn 목걸이
兴奋 xìng fèn 흥분하다
妒嫉 dú jí 질투하다

🍀 **이렇게 사용해 봐~**

顶不住了，你们继续，我闪了。
Dǐng bú zhù le, nǐ men jì xù, wǒ shǎn le.
상대가 안되네. 너희 계속해, 나 사라져 줄께.

067 超 Chāo

정도가 극에 달하는 뜻의 부사에요. 일본에서 유행한 말인데 대만을 통해 중국 대륙으로 전해져 최근에 굉장히 유행하는 말이죠. 보통 대단히 멋있다 하면 非常이나 '太…了'라는 표현을 써서 표현을 하는데요. 하지만 요즘 신세대들 생각에 그러한 표현이 너무 약하단 생각이 들어 超라는 부사를 많이 사용하지요. 超하면 굉장하고도 대단히, 혹은 매우 엄청나게라는 의미가 있지요. "너무 너무 편리해/ 너무너무 민첩해"라면 중국어로 "超方便/超敏捷"라고 하면 됩니다. 요즘 한국에서 많이 쓰는 수퍼, 왕짱, 킹왕짱 등과 비슷한 형태라 생각하면 되지요.

A 我到韩国才感觉到，
Wǒ dào hán guó cái gǎn jué dào,

原来乘地铁来回，超方便。
yuán lái chéng dì tiě lái huí, chāo fāng biàn.

B 你之前没坐过地铁？
Nǐ zhī qián méi zuò guò dì tiě?

A 是啊。
Shì a.

B 哇。真是老土啊!!
Wa. Zhēn shì lǎo tǔ a!!

A 내가 한국와서 느낀건데 지하철은 정말 편리해.
B 전엔 지하철 타본 적 없니?
A 없어.
B 와. 정말 촌스럽네.

 단어와 문법 이야기

感觉 gǎn jué 느끼다
原来 yuán lái 알고보니
乘 chéng 타다
之前 zhī qián 전에

 이렇게 사용해 봐~

GG给我买了超闪的钻戒，兴奋中。
GG gěi wǒ mǎi le chāo shǎn de zuàn jiè, xìng fèn zhōng.
오빠가 아주 눈부신 다이아반지를 사주어서, 난 지금 흥분 중이야.

※ GG: 哥哥(gē ge)의 준말

소는 매우 부지런하고 아무리 힘든 일이라도 감수하는 정말 착하고 유용한 가축으로 전해오고 있지요. 사자성어에 牛气冲天라는 말이 있는데요. 의미인 즉, '재간이 뛰어나고 실력이 있어서 교만하다'는 뜻 이랍니다. 牛气라는 것은 보통 정상적인 범위를 뛰어 넘는 엄청난 기세를 말하지요. 요즘은 재간과 실력이 보통사람을 뛰어 넘는 대단한 사람에게 牛人이라는 표현을 쓴답니다. 혹 주변의 친구 중에서 실력이 매우 뛰어난 학생이 있으면 牛人이라고 한 번 써 보세요.

A 他可是我们班的牛人。学习好，运动好，
Tā kě shì wǒ men bān de niú rén. Xué xí hǎo, yùn dòng hǎo,

电脑好⋯⋯。
diàn nǎo hǎo

B 好羡慕，怎么会这么完美。
Hǎo xiàn mù, zěn me huì zhè me wán měi.

A 天生的。
Tiān shēng de.

B 不公平。
Bù gōng píng.

A 걔는 우리 반의 牛人이야. 공부나 운동,
컴실력도 대단해⋯⋯.
B 정말 부럽다. 어찌 그렇게 완전무결할 수 있니.
A 타고 난거지뭐.
B 불공평해.

 단어와 문법 이야기

完美 wán měi 완전무결하다
天生的 Tiān shēng de 타고 나다

 이렇게 사용해 봐~

她太牛了，学习，运动没人敢顶她。
Tā tài niú le, xué xí, yùn dòng méi rén gǎn dǐng tā.
그녀는 정말 대단해, 공부나 운동 누구도 감히 맞서질 못해.

069 _ 雷 Léi

雷는 벼락이라는 뜻이죠? 벼락맞아 본 사람 있을까요? 그 느낌을 알 수 없지만 하여간 벼락을 맞거나 혹은 약간 스쳤다 해도 그 위력은 이루 말할 수가 없을 듯 싶어요. 요즘 인터넷 상에서나 일상생활에서 젊은이들은 굉장히 공포스럽거나 메스껍거나 또는 굉장히 놀라거나 했을 때 **被雷到**라는 표현을 합니다.

인터넷에 들어가보면 보통사람이 할 수 없는 옷차림이나 혹은 끔찍한 사진을 올려놓고 제목을 "雷人", "雷"라고 달아놓은 것을 쉽게 볼 수 있을겁니다.

A 今天网上的 "婴儿肚子里长寄生虫"
Jīn tiān wǎng shàng de "yīng er dù zi lǐ zhǎng jì shēng chóng"

图片看了吗?
tú piàn kàn le ma?

B 看了, 我一看就被雷到。
Kàn le, wǒ yí kàn jiù bèi léi dào.

A 世上还有这么悲惨的事情, 好可怜啊。
Shì shàng hái yǒu zhè me bēi cǎn de shì qing, hǎo kě lián a.

B 我祈祷小孩儿平安。
Wǒ qí dǎo xiǎo hái er píng ān.

A 오늘 인터넷에서 "애기 배 속에 기생충이 자라다"란 사진 봤어?

B 봤어, 보자마자 완전 놀랐잖아.

A 세상에 이런 비참한 일도 있다니, 넘 불쌍해.

B 난 애기가 무사하길 기도할거야.

 단어와 문법 이야기

寄生虫 jì shēng chóng 기생충
图片 tú piàn 사진
悲惨 bēi cǎn 비참하다, 슬프다

 이렇게 사용해 봐~

拍四川地震的情景图片，一看就被雷到。
Pāi Sì chuān dì zhèn de qíng jǐng tú piàn, yí kàn jiǔ bèi léi dào.
사천 대지진의 정경을 찍은 사진을 보자마자 완전 놀랐어.

070 爽

시원할 상, 밝을 상자 인데요. 爽 은 보기만 해도 시원해 보이지 않아요? 이 글자는 인터넷 상에서도 많이 쓰이지만 일상생활 속에서도 많이 쓰이는 말 입니다. 마음이 편안하고 매우 시원시원할 때 爽이란 표현을 하지요. '정신이 맑다'라면 '神清气爽'라고 표현 하면 되

겠지요. 다른 뜻은 '마음이 통쾌하여 사람으로 하여금 기쁘게 하거나 빠져들게 한다'는 의미로도 쓰입니다.

A 你还有功夫看电影，你真是太爽了！
　　Nǐ hái yǒu gōng fu kàn diàn yǐng, nǐ zhēn shì tài shuǎng le!

B 这有什么爽的?
　　Zhè yǒu shén me shuǎng de?

A 当然爽啦，因为我下班还得去
　　Dāng rán shuǎng la, yīn wèi wǒ xià bān hái děi qù

　　接孩子放学。
　　jiē hái zi fàng xué.

드디어
다 그렸다!!
상쾌한
이기분 ♥

B 啊?
　　Á?

A 넌 영화 볼 여유도 있고 너 정말 끝내주네.
B 무슨 끝내준다고 그래?
A 당연히 끝내주지, 나 퇴근 후에 또 애
　　데릴러 가야 거든.
B 어?

 단어와 문법 이야기

功夫 gōng fu 틈, 여유
得 děi ～해야 한다

 이렇게 사용해 봐~

今天终于交稿了，感觉实在是太爽了。
Jīn tiān zhōng yú jiāo gǎo le, gǎn jué shí zài
shi tài shuǎng le.
오늘 드디어 원고를 제출했어, 너무 홀가분해.

중국인처럼 떠들어 볼까?

A 你现在做什么?
Nǐ xiàn zài zuò shén me?

B 看韩国队跟德国队的球赛。真"汗"。你做什么?
Kàn hán guó duì gēn dé guó duì de qiú sài. zhēn "hàn". nǐ zuò shén me?

A 我的男友给我买了超闪的项链,我正在兴奋中。
Wǒ de nán yǒu gěi wǒ mǎi le chāo shǎn de xiàng liàn, wǒ zhèng zài xìng fèn zhōng.

B 听你一句,我可要晕了。
Tīng nǐ yí jù, wǒ kě yào yūn le.

A 让你羡慕。
Ràng nǐ xiàn mù

B 我看你的男友很爽,工作不久,还给你买项链,哪天让他请
Wǒ kàn nǐ de nán you hěn shuǎng, gōng zuò bù jiǔ, hái gěi nǐ mǎi xiàng liàn, nǎ tiān ràng tā qǐng

我们吃晚饭吧。
wǒ men chī wǎn fàn ba.

A 你也知道我的男友是"牛"人,他很能干的,当然月薪也很高。
Nǐ yě zhī dào wǒ de nán you shi "niú" rén, tā hěn néng gàn de, dāng rán yuè xīn yě hěn gāo.

B 你又来了。
Nǐ yòu lái le.

A 他人品好,性格好……。
Tā rén pǐn hǎo, xìng gé hǎo.

B 行了,行了,你还是定个时间准备花钱吧。
Xíng le, xíng le, nǐ hái shi dìng ge shí jiān zhǔn bèi huā qián ba.

A 好吧。
Hǎo ba.

단어정리
- 可要…了 kě yào…le ~하려고 하다
- 能干 néng gàn 능력, 재주

회화해석

A 너 지금 뭐 해?
B 한국이랑 독일이랑 하는 축구 보고 있어. 완전 멋져. 넌 뭐하니?
A 남친이 나한테 완전 멋진 목걸이 사줘서 지금 흥분 중이야.
B 네 말 들으니 나 돌 것 같아.
A 너 부러우라고.
B 네 남친 끝내주네. 취직한 지 얼마 안돼서 너한테 목걸이도 사주고,
  언제 시간되면 우리에게 저녁 한 끼 쏘라고 해라.

A 너도 알다시피 우리 남친 '牛'人이잖아. 능력있지, 월급도 많지…….
B 또 시작이네.
A 그는 성품 좋지, 성격 좋지…….
B 됐어. 됐어. 시간이나 내서 돈 쓸 준비나 해.
A 좋아.

새로 생긴 단어를 알아보자!

- 汗 hàn | 놀래서 어색하거나 어찌할 방법도 없고 할 말이 없을 때 쓰는 말

- 晕 yūn | 1.감탄사 혹은 동사 2.한국어의 돌아버리다와 비슷한 표현

- 倒 dǎo | 충격적인 일을 당했을 때 몸을 가누지 못하고 넘어지다

- 挂 guà | 컴퓨터게임이나 실제생활에서 인물이 사망했을 때 혹은 어떤 일에서 실패했을 때 사용

- 顶 dǐng | 영어로 직역하면 up이라는 뜻이며 맞선다는 뜻

- 超 chāo | 부사. 정도가 범상치 않거나 그 정도가 극에 달하다

- 闪 shǎn | 1.비키다 2.아름답고 현란하며 눈부시다는 뜻

- 牛 niú | 재간 있고 실력이 보통이 아님

- 雷 léi | 굉장히 공포스럽거나 메스껍거나 혹은 굉장히 놀랄 때 쓰는 말

- 爽 shuǎng | 마음이 통쾌하여 사람으로 하여금 기쁘게 하거나 어디에 빠져들게 한다는 의미

- 切 qiè | 상대방의 말이나 행동에 불만을 표할 때 쓰는 말

- 蔻 Kòu | 1.원래 뜻은 귀엽다 2.酷(kù)보다 더 酷하다의 뜻

- 跑 pǎo | 정성을 쏟아 공을 들여 큰 돈을 벌려고 뛰어다닌다는 뜻

- 霹雳 Pī lì | 굉장히 놀라다

- 发飙 Fā biāo | 1.충격을 받아 실성하다 2.갑자기 분발하다

- 炫酷 Xuàn kù | 눈부시고 주목을 받아서 유행하다

내 듣고 쓰는 능력은 어느 정도?

A 你现在做什么？

B 看韩国队跟德国队的球赛。真 "[1) _____]"。你做什么？

A 我的男友给我买了 "超闪" 的 [2) _____]，我正在兴奋中。

B 听你一句，我可要 "晕" 了。

A 让你羡慕。

B 我看你的男友很 "[3) _____]"，工作不久，还给你买 项链，哪天让他请我们吃晚饭吧。

A 你也知道我男友是 "牛" 人，他很能干的，[4) _____] 月薪也很高。

B 你又来了。

A 他 [5) _____] 好，性格好……。

B 行了，行了，你还是定个时间 [6) _____] 花钱吧。

A 好吧。

정답

1) 过瘾　2) 项链　3) 慷慨　4) 难怪　5) 人品　6) 准备

Part 08

电脑&经济

컴퓨터& 경제

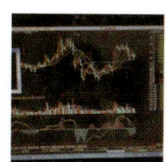

071_熊猫烧香

xióng māo shāo xiāng

　컴퓨터 바이러스의 일종. 아주 짧은 시간 내에 몇 천 대의 컴퓨터를 감염시킬 수 있는데요. 심하면 컴퓨터가 마비 상태가 되기도 합니다. 바이러스에 걸리면 컴퓨터 화면에 팬더가 향을 피우다(熊猫烧香)라는 그림이 나타나지요. 놀라운것은 이 바이러스를 퍼뜨린 사람들이 모두 20대 초반, 중반의 어린 나이랍니다.

　중국에서도 바이러스에 대처하기 위해서 많은 연구진들이 발벗고 나서고 있지만 워낙에 나라가 크다보니 통제가 그렇게 쉽지만은 않습니다. 중국사이트 들 어갔다가 혹시 바이러스 걸린 경험들이 있죠? 조심하세요.

A 你听说过"熊猫烧香"电脑病毒吗?
Nǐ tīng shuō guo "xióng māo shāo xiāng" diàn nǎo bìng dú ma?

B 没听过,怎么知道?
Méi tīng guò, zěn me zhī dào?

A 被感染了电脑上会出现"熊猫烧香"图案。
Bèi gǎn rǎn le diàn nǎo shàng huì chū xiàn "xióng māo shāo xiāng" tú àn.

B 现在上网要小心,
Xiàn zài shàng wǎng yào xiǎo xīn,

一不小心就被病毒感染了。
yí bù xiǎo xīn jiù bèi bìng dú gǎn rǎn le.

A 너 '팬더가 향 피우다'라는 컴바이러스 들어봤어?

B 아니 못들었어, 넌 어떻게 알아?

A 감염되면 컴 화면에 "팬더가 향 피우다"라는 그림이 나타나.

B 요즘 인터넷 할 때 조심해야돼. 조금만 잘못해도
바이러스에 감염되곤 해.

 단어와 문법 이야기

一不小心 yí bù xiǎo xīn 잘못하면
感染 gǎn rǎn (바이러스 등)에 감염되다
病毒 bìng dú 바이러스

 이렇게 사용해 봐~

"熊猫烧香"电脑病毒泛滥互联网。
"Xióng māo shāo xiāng" diàn nǎo bìng dú fàn làn hù lián wǎng.
'팬더가 향 피우다'라는 컴바이러스가 인터넷에 범람
하고 있어.

072_邮件炸弹

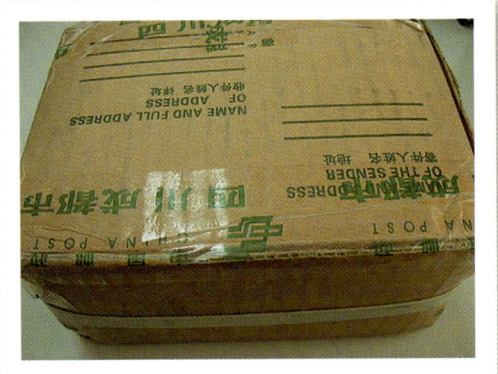

邮件炸弹의 본래 뜻은 폭탄을 우편물을 통해서 발송함으로써 어떤 사물을 폭파시키거나 복수를 하는 테러수단을 가리키지요. 그런데 요즘 말하는 邮件炸弹은 상대방의 컴퓨터 시스템이나 정보를 해킹한 후 이메일을 발송하여 상대방의 정보를 파괴하거나 다운 시키는 컴퓨터 바이러스를 말하죠. 아마 경험해 본 사람들은 아실 거예요. 이메일처럼 보내고 메일을 확인하려고 클릭만 하면 바이러스에 걸리는 경우죠. 대용량의 스팸메일도 이렇게 부르기도 합니다.

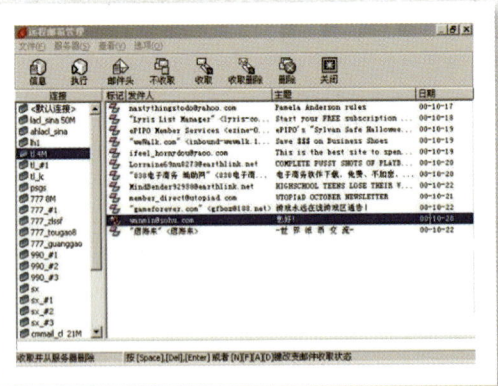

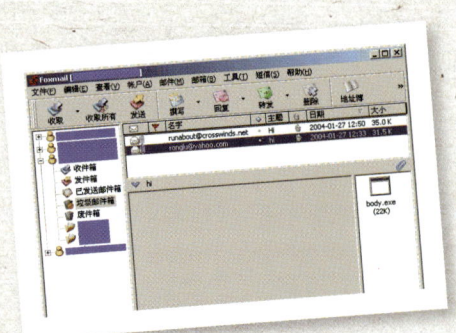

A 有一段时间邮件炸弹很流行。
　　Yǒu yí duàn shí jiān yóu jiàn zhà dàn hěn liú xíng.

B 现在大的网站邮件自动分离。
　　Xiàn zài dà de wǎng zhàn yóu jiàn zì dòng fēn lí.

　　除了熟悉的伊妹儿以外我都放进垃圾箱。
　　chú le shú xī de yī mèr yǐ wài wǒ dōu fàng jìn lā jī xiāng.

A 我也是。
　　Wǒ yě shì.

B 像我这样的网盲最好是谨慎。
　　Xiàng wǒ zhè yàng de wǎng máng zuì hǎo shì jǐn shèn.

　　出了事儿就得请帮手。
　　chū le shìer jiù děi qǐng bāng shǒu.

A 한동안 邮件炸弹이 굉장히 유행했지.
B 지금 큰 사이트에서는 자동적으로 메일을 분리시킨대.
　 난 아는 이멜 이외엔 모두 휴지통에 버려.
A 나도 그래.
B 나 같은 컴맹은 될 수록 조심해야겠어. 문제가 생기면
　 누가 도와줘야 하니까.

 단어와 문법 이야기

一段时间 yí duàn shí jiān 한동안
伊妹儿 yī mèr 이메일
网盲 wǎng máng 컴맹
谨慎 jǐn shèn 조심하다

 이렇게 사용해 봐~

小心邮件炸弹。
Xiǎo xīn yóu jiàn zhà dàn.
우편폭탄은 조심해.

073_ 冲浪
Chōng làng

冲浪은 원래 스포츠 종목 중 하나인 수상스키를 가리키는 말이죠. 수상스키를 탈 때면 파도를 맞받아 바다 속 깊이 들어갔다가 또 바다 위로 올라왔다가 파도와 싸우면서 앞으로 나아가지요? 그 순간만큼은 아마 온 세상을 얻은 기분일 것 같아요.

인터넷 서핑도 이런 느낌이 있지요. 수많은 컴이 있고 전세계 어디든지 접속할 수 있기 때문에 미국에도 갔다가 아프리카에도 갔

다가 또 다른 나라로 마음껏 여행을 떠날 수 있지요. 그래서 중국의 네티즌들은 온라인 상에서 서핑하는 것을 冲浪이라고 표현한답니다.

A 今天打算做什么?
Jīn tiān dǎ suàn zuò shén me?

B 还没想过呢，可能在家好好休息。你呢?
hái méi xiǎng guò ne, kě néng zài jiā hǎo hǎo xiū xi. Nǐ ne?

A 我还能干啥，上网冲冲浪。
Wǒ hái néng gàn shá, shàng wǎng chōng chōng làng.

B 你一天到晚上网，"电脑中毒"。
Nǐ yì tiān dào wǎn shàng wǎng, diàn nǎo zhòng dú.

A 오늘 뭐 할 계획이니?
B 아직 생각해 본 적 없어,
　　아마도 집에서 쉬지 않을까. 너는?
A 내가 뭘 할 수 있겠니, 인터넷서핑이나 해야지.
B 너 하루 진종일 인터넷이지, '인터넷 중독' 이야.

 단어와 문법 이야기

打算 dǎ suàn ~할 예정이다
干啥 gàn shá 뭘 하다
可能 kě néng 아마도

 이렇게 사용해 봐~

一有时间就冲浪。
Yì yǒu shí jiān jiù chōng làng.
시간만 나면 윈드서빙해.

074_烘焙鸡

Hōng bèi jī

烘焙鸡는 직역하면 닭을 말리다는 뜻이지요. 이는 조리과정 중의 한 단계로 이해할 수 있고 그 의미 그대로 받아들일 수도 있겠죠. 하지만 여기서 말하는 烘焙鸡는 결코 닭을 말리다는 의미와는 완전히 다르죠.

사실 중국어는 외래어를 받아들일 때 보통 중국식으로 만들어 사용하는 게 대부분이었어요. 하지만 요즘 네티즌들은 나이가 어리다 보니 그들은 있는 그대로 받아들이는 것을 더 좋아하는 듯 싶어요. 중국의 네티즌들은 영어 home page 중국식으로 번역하면 个人主页를 烘焙鸡로 만들어 사용하고 있어요.

A 你在做什么?
Nǐ zài zuò shén me?

B 制作烘焙鸡呢。
Zhì zuò hōng bèi jī ne.

A 怎么你也就要有个人主页了?
Zěn me nǐ yě jiù yào yǒu gè rén zhǔ yè le?

B 等我制作完, 你多来访问吧。
Děng wǒ zhì zuò wán, nǐ duō lái fǎng wèn ba.

A 너 뭐하니?

B 홈피 만드는 중이야.

A 너도 곧 개인 홈피가 생기는 거야?

B 다 만들면 많이 방문해 줘.

 단어와 문법 이야기

个人主页 gè rén zhǔ yè 개인 홈피
制作 zhì zuò 제작하다
访问 fǎng wèn 방문하다

 이렇게 사용해 봐~

他自己也有了很漂亮的烘焙鸡。
Tā zì jǐ yě yǒu le hěn piào liang de hōng bèi jī.
그는 예쁜 개인홈피가 있어요.

075_防火墙

Fáng huǒ qiáng

防火墙의 의미는 화재를 방지하기 위해 건축물 사이에 만들어놓은 벽을 말하지요. 그런데 인터넷 상에서 말하는 防火墙은 일종의 보안시스템을 말해요.

어느 한 홈피에 접속을 하면 특정한 페이지 외에는 접근불가 한다거나 분석을 하여 스팸 처리해 버린다거나 하면서 개인 컴퓨터 혹은 온라인 상에서의 모든 활동들을 제어하는 바이러스방지용 벽이지요.

A 常常上网搜索资料很必要防火墙。
Cháng cháng shàng wǎng sōu suǒ zī liào hěn bì yào fáng huǒ qiáng.

B 防火墙是什么?
Fáng huǒ qiáng shì shén me?

A 简单地说是一个计算机网络的
Jiǎn dān de shuō shì yí ge jì suàn jī wǎng luò de

安全防护系统。
ān quán fáng hù xì tǒng.

防火墙是电脑的保护神。
fáng huǒ qiáng shì diàn nǎo de bǎo hù shén.

B 那我一定很必要。
Nà wǒ yí dìng hěn bì yào.

A 인터넷 검색을 자주하는 사람은 '방화벽'이 정말 필요하지.
B '방화벽'이 뭐야?
A 간단히 말하면, 인터넷 사용을 안전하게 할 수 있도록 해주는
 시스템이야. 컴퓨터의 보호신이지.
B 그럼 나도 진짜 필요하겠네.

 단어와 문법 이야기

搜索 sōu suǒ 검색하다
必要 bì yào 필요하다
保护神 bǎo hù shén 보호신

 이렇게 사용해 봐~

查看防火墙报价目录。
Chá kàn fáng huǒ qiáng bào jià mù lù.
컴바이러스防火墙 가격 목록을 조사하다.

买防火墙个人版。
Mǎi fáng huǒ qiáng gè rén bǎn.
개인용 컴바이러스 방화벽을 사다.

076 牛市

Niú shì

주가가 고고싱을 달리던 한 때 중국에서 주머니에 돈이 있는 사람은 아마 거

의 모두 주식시장에 뛰어들었을 거예요. 이
와 같이 활성화 된 주식시장에도 새로운 용
어들이 속속 생겨나고 있는데요, 牛는 앞에
서도 말했지만 평범을 뛰어넘는 것을 의미
하죠. 해서 牛市하면 그것은 곧 주가가 상
당히 오르는 좋은 시세를 말하고 그와 반대
라면 바로 熊市라고 표현을 하지요. Bull

market (상승장)/Bear market (하락장)의 영어를 중국어로 번역하여 사용하
는 예입니다.

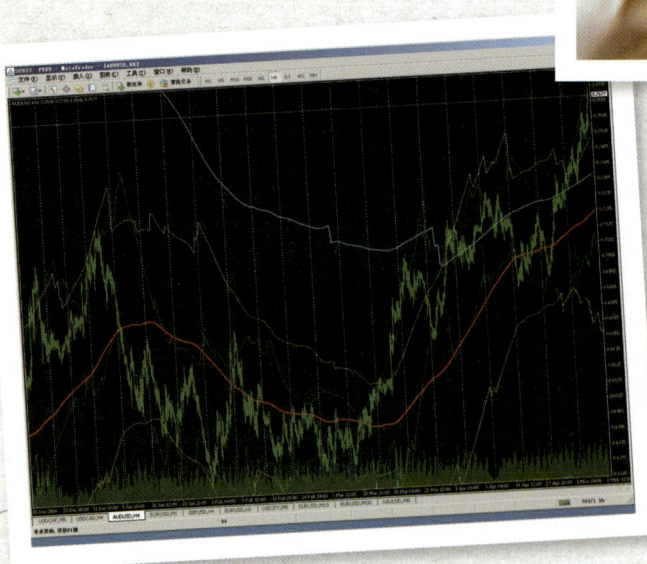

A 牛市的时候我投资了很多钱。
Niú shì de shí hou wǒ tóu zī le hěn duō qián.

现在股价大幅度下降了。
Xiàn zài gǔ jià dà fú dù xià jiàng le.

B 那你亏了不少吧?
Nà nǐ kuī le bù shǎo ba?

A 别提了，进退两难，不知道怎么办。
Bié tí le, jìn tuì liǎng nán, bù zhī dào zěn me bàn.

B 再等等，明年会好转的。
Zài děng děng, míng nián huì hǎo zhuǎn de.

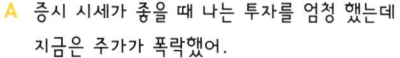

A 증시 시세가 좋을 때 나는 투자를 엄청 했는데
지금은 주가가 폭락했어.

B 그럼 너 손실이 대단하겠네.

A 말도 마, 진퇴양난이야 어떻게면 좋을지 모르겠어.

B 좀만 기다려, 내년이면 좋아질거야.

 단어와 문법 이야기

股价 gǔ jià 주가
大幅度 dà fú dù 대폭
亏 kuī 손해보다
好转 hǎo zhuǎn 좋은 쪽으로 바뀌다

 이렇게 사용해 봐~

现在是牛市，投资的好机会。
Xiàn zài shi niú shì, tóu zi de hǎo jī hui.
지금은 주가가 승장세니까 투자의 좋은 기회지.

077_乘电梯

chéng diàn tī

乘电梯는 '엘리베이터를 타다'라는 의미죠. 물론 실제 엘리베이터를 탈 때도 이와 같이 얘기를 하지만, 주식시장에서는 다른 의미로 쓰이지요.

엘리베이터가 하루에 얼마나 수없이 많이 상승과 하강의 왕복을 하는지 모르지요? 해서 마치 주가도 엘리베이터처럼 올랐다 내렸다 하는 것 같아서 이런 말로 비유하기도 하지요.

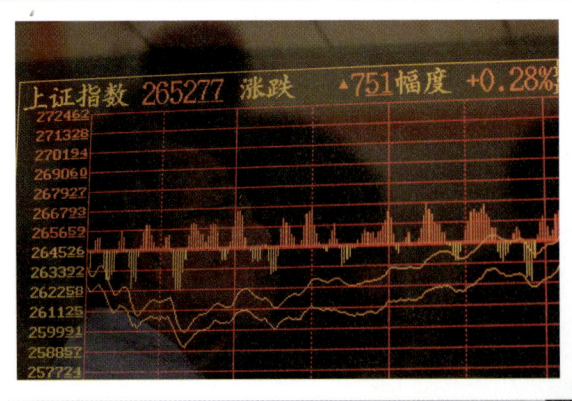

주식 투자자들에게 있어 가장 머리 아픈 일은 바로 주가가 乘电梯 하는 것이겠지요?

A 股价乘电梯，股民操心。
Gǔ jià chéng diàn tī, gǔ mín cāo xīn.

B 主要原因是经济不安定。
Zhǔ yào yuán yīn shì jīng jì bù ān dìng.

A 明年会好转吧。
Míng nián huì hǎo zhuǎn ba.

B 只能这么相信了。
Zhǐ néng zhè me xiāng xìn le.

A 주가가 오르락내리락 하니 투자자들이 걱정이네.
B 주요한 원인은 경제가 불안정하기 때문이야.
A 내년엔 좀 더 좋아지겠지.
B 그렇게 믿는 수 밖에.

 단어와 문법 이야기

操心 cāo xīn 걱정하다
不安定 bù ān dìng 불안정 하다
只能 Zhǐ néng 오로지 ~수 밖에

 이렇게 사용해 봐~

物价乘电梯，今天这个价明天又是那个价。
Wù jià chéng diàn tī, jīn tiān zhè ge jià míng tiān yòu shi nà ge jià.
물가가 오르락 내리락거려, 오늘 이 가격 내일은 또 저 가격이네.

套牢의 뜻을 풀이해 보면 감옥에 갇히거나 꼼짝달싹 할 수 없다는 뜻이죠. 주식시장에서 주로 쓰는 말인데요 주가가 너무 하락하여 팔 수가 없는 상황에 놓였을 때 우리는 투자자들이 '套牢했다'라는 표현을 합니다.

작년부터 중국의 주가가 대거 하락해서 많이들 套牢 당했죠……. 그와 반대로 주가가 내렸다가 다시 올랐다면 '해방이다'라는 의미로 解套라고 하죠.

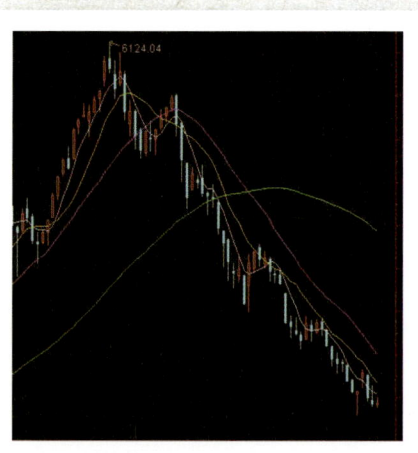

A 股暴跌，套牢的股民很多。
Gǔ bào diē, tào láo de gǔ mín hěn duō.

B 我希望早一点解套。
Wǒ xī wàng zǎo yì diǎn jiě tào.

A 还是耐心等到明年吧。
Hái shì nài xīn děng dào míng nián ba.

B 就得这样了。
Jiù děi zhè yàng le.

A 주가가 폭락해 발목잡힌 투자자가 엄청 많아.
B 난 하루빨리 회복되길 바랄 뿐이야.
A 참으면서 내년까지 기다릴 수 밖에.
B 그 수 밖에 없지.

 단어와 문법 이야기

股暴跌 Gǔ bào diē 주가가 급속도록 하락하다
解套 jiě tào 주가가 회복되다

 이렇게 사용해 봐~

他被爱套牢。
Tā Bèi ài tào láo.
그는 사랑에 발목이 잡혔다.

炒股套牢。
chǎo gǔ tào láo.
주식에 발목 잡히다.

079_割肉
Gē ròu

살을 베어 내다란 뜻의 이 말 너무 끔찍하게 들리지요? 이 말도 주식시장에서 아주 유행하는 말인데요, 살을 베어낸다면 그 고통은 엄청나겠죠? 주식시장에서도 마찬가지예요. 손해를 보는 걸 알면서 팔지 않으면 안 되는 경우에 처했을 때 마치 살을 베어내는 듯한 그 아픔. 그래서 손해를 보고 팔게 될 때는 割肉라는 표현을 쓰게 됩니다.

A 我的股票今天都卖出去了。
Wǒ de gǔ piào jīn tiān dōu mài chū qù le.

B 损失一定很大吧?
Sǔn shī yí dìng hěn dà ba?

A 那还用说，割肉。
Nà hái yòng shuō, gē ròu.

B 很多人没办法都放弃了，
Hěn duō rén méi bàn fǎ dōu fàng qì le,

不只是你一个人。
bù zhǐ shì nǐ yí ge rén.

A 나 주식 오늘 다 팔았어.
B 손실이 매우 큰 거 아니야?
A 뭔 말이 필요하겠니? 살점을 뜯어내는거지.
B 많은 사람들이 그래. 너 혼자 만의 일이 아니야.

 단어와 문법 이야기

损失 Sǔn shī 손실되다
放弃 fàng qì 포기하다

 이렇게 사용해 봐~

这两个股票怎么样持有还是割肉啊。
Zhè liǎng ge gǔ piào zěn me yàng chí yǒu hái shi gē ròu a.
이 두 주식을 보유하고 있을지, 손해를 보고 팔아야 할지?

080_跳水

Tiào shuǐ

跳水는 원래 물에 뛰어든다는 뜻으로 스포츠의 한 종목인 다이빙을 말하지요. 하지만 다른 의미로도 쓰입니다. 우리 주위에서도 이 말을 쉽게 접할 수가 있는데요, 예를 들면 '사장이 미쳤나 봐', '오늘 하루만 이 가격', '백화점 유명브랜드 땡처리' 등등 말이죠. 이 말들은 기존 가격에서 확 내렸다는 뜻이겠지요. 이를테면 '~브랜드 가격 크게 跳水했다.', '흑은~전자 김치냉장고 가격이 크게 跳水했다' 등으로 사용할 수 있겠죠?

A 百货商店的物价大大跳水了，说是庆30周年。
Bǎi huò shāng diàn de wù jià dà dà tiào shuǐ le, shuō shì qìng sān shí zhōu nián.

B 具体什么商品跳水了?
Jù tǐ shén me shāng pǐn tiào shuǐ le?

A 可能衣服最多。
Kě néng yī fu zuì duō.

B 那肯定是库存,
Nà kěn dìng shì kù cún,

去年也搞过这样的活动。
qù nián yě gǎo guò zhè yàng de huó dòng.

A 백화상점의 물가가 크게 다운되었네.
30주년을 경축하는 거래.
B 구체적으로 어떤 상품 가격이 다운됐어?
A 아마 옷이 제일 많겠지.
B 그건 분명 재고품일거야, 지난 해도 이런 행사를 했거든.

 단어와 문법 이야기

庆 qìng 경축하다
库存 kù cún 재고
搞 gǎo ~을 진행하다

 이렇게 사용해 봐~

在韩国,年末的时候很多商品的价钱都跳水。
Zài hán guó, Nián mò de shí hou hěn duō shāng pǐn de jià qián dōu tiào shuǐ.
한국은 연말이 되면 상품가격이 확 내린다.

중국인처럼 떠들어 볼까?

A 我的电脑染上 "熊猫烧香" 了。
Wǒ de diàn nǎo rǎn shàng "xióng māo shāo xiāng" le.

B 你得设置防火墙。
Nǐ děi shè zhì fáng huǒ qiáng.

A 那是什么?
Nà shi shén me?

B 计算机网络的安全防护系统。
Jì suàn jī wǎng luò de ān quán fáng hù xì tǒng.

A 要不今天你来我家帮我设置吧。
Yào bu jīn tiān nǐ lái wǒ jiā bāng wǒ shè zhì ba.

B 今天不行, 我现在守着电脑呢, 这几天股价 "乘电梯",
Jīn tiān bù xíng, wǒ xiàn zài shǒu zhe diàn nǎo ne, zhè jǐ tiān gǔ jià "chéng diàn tī",

我正研究怎么办。
wǒ zhèng yán jiū zěn me bàn.

A 这次你亏了不少吧? 你的股票还是去年 "牛市" 的时候买的。
Zhè cì nǐ kuī le bù shǎo ba? Nǐ de gǔ piào hái shi qù nián "niú shì" de shí hou mǎi de.

B 上回投资国外的股票都卖了, 真是 "割肉"。
Shàng huí tóu zī guó wài de gǔ piào dōu mài le, zhēn shi "gē ròu".

A 你还行, 投资很多钱被 "套牢" 的股民也很多。
Nǐ hái xíng, tóu zī hěn duō qián bèi "tào láo" de gǔ mín yě hěn duō.

B 是啊。
Shì a.

단어정리

- **设置** shè zhì 설치하다, 깔다
- **系统** xì tǒng 시스템
- **守着** shǒu zhe 자리를 지키다

회화해석

A 내 컴이 '팬더가 향피우다' 바이러스에 감염되었어.

B 방어벽을 설치했어야지.

A 그게 뭔대?

B 인터넷 사용을 안전하게 할수 있도록 해주는 시스템이야.

A 그럼 오늘 네가 와서 설치 좀 해줄래.

B 오늘은 안돼. 나 오늘 컴 지키고 앉아있어야 해. 주가가 오르락 내리
락해서 어떻게 할지 연구 중이야.

A 너 이번에 손해가 크지, 주식도 지난 해 주가가 올랐을 때 산거잖아.

B 지난 번 해외투자한 건 다 팔았어. 살점을 도려내는 심정이었다니까.

A 넌 그래도 괜찮은거야. 많은 투자자들이 발목이 묶여 이러지도 저러
지도 못하잖아.

B 맞어.

신조 단어

새로 생긴 단어를 알아보자!

- 熊猫烧香 xióng māo shāo xiāng | 일종의 컴 바이러스
- 邮件炸弹 yóu jiàn zhà dàn | 상대방의 컴퓨터 시스템을 안 상황에서 이메일을 발송하여 상대방의 정보를 파괴하는 바이러스
- 冲浪 chōng làng | 온라인 서핑을 말함
- 烘焙鸡 hōng bèi jī | 개인 홈피를 말함
- 防火墙 fáng huǒ qiáng | 바이러스 방지 시스템
- 牛市 niú shì | 주가가 오를 때의 좋은 시세를 말함
- 乘电梯 chéng diàn tī | 주가가 올랐다가 내렸다가 하는 시세를 말함
- 套牢 tào láo | 주가가 하락하여 팔 수 없는 상황에 놓임
- 割肉 gē ròu | 손해를 보는 걸 감수하고 주식을 팔다
- 跳水 tiào shuǐ | 어떤 상품의 가격이 확 내렸을 때 사용하는 말
- 跟帖 gēn tiē | 댓글, 영어의 Re
- 崩盘 bēng pán | 주가 붕괴
- 无龄美女 wú líng měi nǚ | 자기의 실제 나이로 보아지지 않는 여성
- 菜鸟 cài niǎo | 게임이 서툰사람
- 大虾 dà xiā | 菜鸟의 반대말
- 恐龙 kǒng lóng | 못생긴 여자
- 青蛙 qīng wā | 못생긴 남자
- 潜水员 qián shuǐ yuán | 다른 사람이 '물' 먹는 것을 구경하기 좋아하고 자기는 '물'을 먹지 않는 사람
- 酱子 jiàng zi | 이렇게
- 酿子 niàng zi | 저렇게
- 很冷 hěn lěng (滑雪 huá xuě) | 농담이 썰렁할 때 쓰는 말
- 囧 Jiǒng | 표정을 나타내는 부호인데 어색하고 무안할 때 사용한다. 대만에서부터 시작해서 홍콩을 통해 대륙의 인터넷에서도 유행
- 人肉搜索 rén ròu sōu suǒ | 글의 유래를 검색할 때 쓰는 말
- 搬砖 bān zhuān | 열심히 글 쓰고 발언할 때 쓰임
- 拍砖 pāi zhuān | 발언하고자 할 때 쓰임
- 0001000 | 나는 매우 고독하다 (주위에 사람이 없다)
- 53782 (我心情不好 wǒ xīn qíng bù hǎo) | 난 기분이 나쁘다
- 54430 (我时时想你 wǒ shí shí xiǎng nǐ) | 나는 언제나 너를 생각한다
- 90753 (叫你吃午饭 jiào nǐ chī wǔ fàn) | 너를 불러서 점심을 먹다라는 뜻
- MPJ (马屁精 mǎ pì jīng) | 아첨쟁이

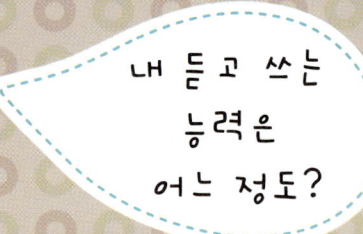

A 我的电脑染上"熊猫烧香"了。

B 你得 [1) _____] 防火墙。

A 那是什么？

B 计算机网络的安全防护 [2) _____]。

A 要不今天你来我家帮我设置吧。

B 今天不行，我现在守着电脑呢，这几天股价"乘电梯"，我正研究怎么办。

A 这次你 [3) _____] 了不少吧？你的股票还是去年"牛市"的时候买的。

B 上回投资国外的股票都卖了，真是"[4) _____]"。

A 你还行，[5) _____] 很多钱被"套牢"的股民也很多。

B 是啊。

Part 09
成语
성어

081 暗箱操作

Àn xiāng cāo zuò

暗箱은 검은 상자란 뜻이고 操作는 조작한다는 뜻이죠. 보통 정당하지 못할 때 쓰는 말인데 뒤에서 권력을 남용하여 부정하게 어떤 일을 조작한다는 뜻으로 쓰입니다. 예를 들면 이럴 때 쓸 수 있지요. 그가 이 회사에 들어오게 된 것은 그의 삼촌이 暗箱操作를 좀 했지. 혹은 뒤에서 暗箱操作하지 말고 정정당당하게 행동하세요.

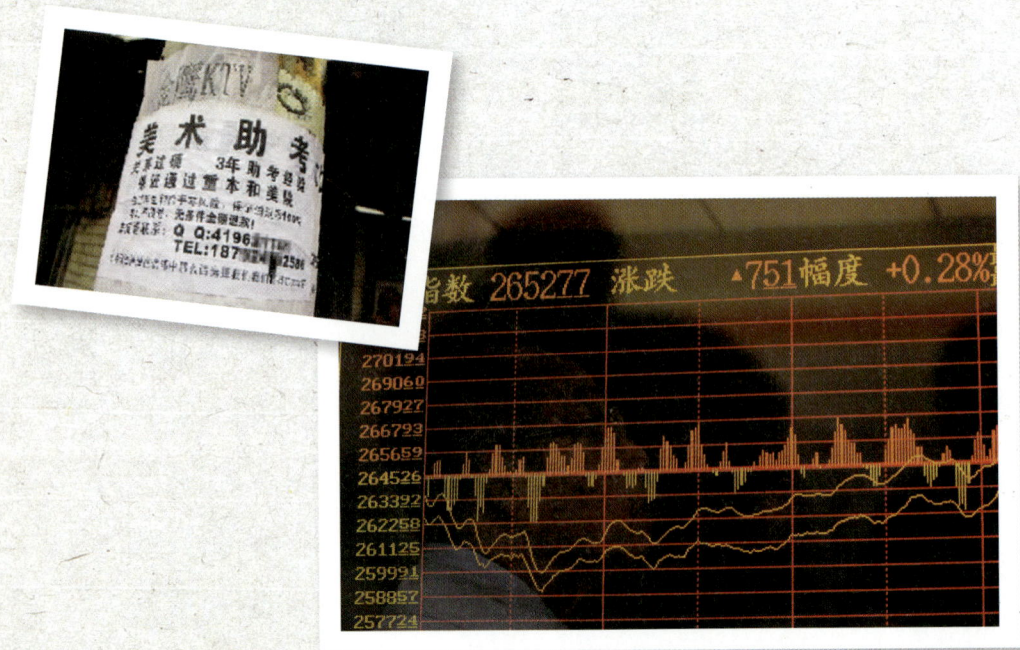

A 小方来我们公司都是他舅舅暗箱操作。
　　Xiǎo fāng lái wǒ men gōng sī dōu shì tā jiù jiù àn xiāng cāo zuò.

B 他的舅舅是干什么的?
　　Tā de jiù jiù shì gàn shén me de?

A 我只知道他在市政府工作。
　　Wǒ zhǐ zhī dào tā zài shì zhèng fǔ gōng zuò.

B 哦，看来的确是暗箱操作啊。
　　ò, kàn lái dí què shì àn xiāng cāo zuò a.

A 샤오팡이 우리 회사에 온 것은 그의 외삼촌의
　　덕분이었다고 한다.
B 그의 외삼촌은 뭐하는 사람이니?
A 나는 그가 시정부에서 일 한다는 것 밖에 몰라.
B 오, 보아하니 확실히 뒷문을 좀 뚫은 모양이네.

 단어와 문법 이야기

只 zhǐ 오로지, 단지
的确 dí què 확실히

 이렇게 사용해 봐~

不要总是暗箱操作，要光明一点。
Bú yào zǒng shi àn xiāng cāo zuò, yào guāng
míng yì diǎn.
뒤에서 자꾸 조종하지 말고, 좀 정정당당 해.

082 大跌眼镜
Dà diē yǎn jìng

사실 이 말은 대만에서부터 온 말입니다. 大跌는 원래 가격이나 주가가 크게 떨어질 때 쓰는 말이고요. 大跌眼镜은 직역하면 안경이 완전히 내려왔다란 뜻이지요. 안경이 갑자기 아래로 내려올 때의 상황은 어떨까요? 상당히 놀라겠죠? 너무 뜻밖의 결과나 상상을 초월하는 일에 굉

장히 놀랐을 때 大跌眼镜이라고 표현을 하지요. 신세대들은 이 말을 더 발전시켜 大跌隐形眼镜이라고도 합니다.

A 我今天听了特大新闻，你肯定大跌眼镜。
　　Wǒ jīn tiān tīng le tè dà xīn wén, nǐ kěn dìng dà diē yǎn jìng.

B 什么事儿?
　　Shén me shìer?

A 我们的校花和刘老师要结婚了，
　　Wǒ men de xiào huā hé liú lǎo shī yào jié hūn le,

　　还听说刘老师是校花的初恋呢。
　　hái tīng shuō liú lǎo shī shì xiào huā de chū liàn ne.

B 我以为是什么大事呢?
　　Wǒ yǐ wéi shì shén me dà shì ne?

　　我早就听说了。
　　wǒ zǎo jiù tīng shuō le.

A 나 오늘 깜짝 놀랄만한 소식을 들었는데 너 아마 깜짝
　　놀랄거야.
B 무슨 일인데?
A 우리 학교 얼짱과 유선생님이 곧 결혼한대,
　　또 유선생님이 우리 얼짱의 첫사랑이래.
B 난 또 무슨 일이라고? 나 벌써 들었거든.

 단어와 문법 이야기

特大 tè dà 아주 특별한, 아주 큰
初恋 chū liàn 첫사랑
以为 yǐ wéi ~라고 여기다

 이렇게 사용해 봐~

他的行动让大家大跌眼镜。
tā de xíng dòng ràng dà jiā dà diē yǎn jìng.
그의 행동이 다들 깜짝 놀라게 했다.

083_第一桶金
Dì yī tǒng jīn

미국에서 건너온 속언데요. 인생에서 첫 발자국은 참 중요하지요. 이 속어는 금 한 통을 말하는데 처음 획득한 많은 보수 혹은 경제활동을 통해 얻은 수익을 말하지요. 第一桶金은 경제 용어인데요, 처음 자신이 참여한 경제활동은 자신의 인생에서 매우 중요하다는 말이겠지요?

예를 들면 이럴 때 쓸 수 있지요. "난 학교 앞에 작은 가게를 얻었다. 이것은 내가 사업에서 第一桶金을 얻은 것이다."고 말이죠.

A 我看你满面笑容的，一定有好事儿。
　　Wǒ kàn nǐ mǎn miàn xiào róng de, yí dìng yǒu hǎo shìer.

B 我终于得到了我人生的第一桶金。
　　Wǒ zhōng yú dé dào le wǒ rén shēng de dì yī tǒng jīn.

A 找到挣钱的机会了?
　　Zhǎo dào zhèng qián de jī huì le?

B 大学对面租了一个小铺，
　　Dà xué duì miàn zū le yí gè xiǎo pù,

　　我打算开个小吃店。
　　wǒ dǎ suàn kāi ge xiǎo chī diàn.

A 웃음꽃이 활짝 핀걸 보니 좋은 일이 있구나.
B 드디어 내 인생의 첫 번째 한 통의 금을 얻었어.
A 돈 벌 기회가 생겼구나.
B 대학 맞은 편에 가게 하나를 얻어 분식집을 할 계획이야.

 단어와 문법 이야기

满面笑容 mǎn miàn xiào róng 온 얼굴에 웃음
꽃이 피다
一定 yí dìng 꼭
终于 zhōng yú 끝내, 마침내

 이렇게 사용해 봐~

如何赚第一桶金?
rú hé zhuàn dì yī tǒng jīn?
어떻게 부를 창조하는 첫 발을 뗄 것인가.

靠情人节, 赚第一桶金。
kào qíng rén jié, zhuàn dì yī tǒng jīn.
발렌타인 데이를 통해 돈을 벌다.

084 花落谁家
Huā luò shuí jiā

취업을 기다리는 사람, 경기에 참여해서 결과를 기다리는 사람들과연 누가 최후의 승자가 될까요? 花落谁家 즉 꽃은 누구 집에 줄까요? 현대를 살아가는 우리 모두는 항상 무한경쟁 속에 살고 있다고 볼 수 있겠지요. 입시경쟁, 취업경쟁, 연애경쟁, 부동산 구매경쟁 등등……. 花落谁家呢? 모든 참석자에게 다 주면 좋겠지만 그게 어디 쉽나요?

A 大企业公开招聘那天你也参加吗？
　　Dà qǐ yè gōng kāi zhāo pìn nà tiān nǐ yě cān jiā ma?

B 我也报名了，不过竞争者那么多
　　Wǒ yě bào míng le, bú guò jìng zhēng zhě nà me duō

　　我看没希望了。
　　wǒ kàn méi xī wàng le.

A 究竟花落谁家呢？
　　Jiū jìng huā luò shuí jiā ne?

B 我们还是求上帝保佑吧。
　　Wǒ men hái shì qiú shàng dì bǎo yòu ba.

A 대기업 공개 채용에 너도 참가하니?
B 나도 등록을 했어. 근데 경쟁자들이 그렇게 많은데 난 아마 가능성이 희박해.
A 과연 누가 승자가 될까?
B 우리 하나님께 기도하자.

 단어와 문법 이야기

公开招聘 gōng kāi zhāo pìn 공개적으로 채용하다
报名 bào míng 등록하다
保佑 baǒ yòu 돌봐주다

 이렇게 사용해 봐~

年末奖金花落谁家？
Nián mò jiǎng jīn huā luò shuí jiā?
연말 보너스는 누구한테 갈까?

十大好书花落谁家，当然是落在我手里啦。
Shí dà hǎo shū huā luò shuí jiā, dāng rán shi luò zài wǒ shǒu lǐ la.
10가지 좋은 책은 누구 것이 될런지, 당연히 내꺼지.

085_见光死
Jiàn guāng sǐ

보기만 하면 죽는다 또는 접촉만 하면 죽는다란 뜻인데요. 요즘의 인터넷사랑을 말하지요. 요즘 인터넷의 바다에 빠져 생활하는 젊은이들이 많은데요. 인터

넷에서 채팅을 통해 사이버 상에서 사랑을 나누다가 서로 실제로 만나자고 약속을 합니다. 하지만 현실은 언제나 내가 상상했던 것과 같지 않겠지요? 그래서 실제 만나면 실망한다는 의미로 见光死라고 표현을 씁니다.

A 人家说网恋是见光死，确实是那样。
Rén jiā shuō wǎng liàn shì jiàn guāng sǐ, què shí shì nà yàng.

B 怎么你见了你的"恐龙"了?
Zěn me nǐ jiàn le nǐ de kǒng lóng le?

A 是的，可是不是她说的十八岁，
Shì de, kě shì bú shì tā shuō de shí bā suì,

比她说的超了三倍。
bǐ tā shuō de chāo le sān bèi.

B "囧"了。
Jiǒng le.

....

A 흔히 말하기를 온라인 상에서의 사랑은 보기만 하면
즉시 끝이다 라고 말하더니, 확실히 그렇네.

B 왜 너도 너의 '공룡'을 만났니?

A 응, 근데 그녀가 말한 18살 보다 3배는 더 많아 보이더라.

B 囧, 뭐야.

 단어와 문법 이야기

网恋 wǎng liàn 사이버 사랑

超 chāo 초과하다

倍 bèi ~배

 이렇게 사용해 봐~

第一次见网友，见光死了。
Dì yī cì jiàn wǎng yǒu, jiàn guāng sǐ le.
인터넷 친구랑 처음 만났는데 만나자마자 실망했어.

我与网友的见光死经历。
Wǒ yú wǎng yǒu de jiàn guāng sǐ jīng lì.
나와 인터넷 친구의 만나자마자 실망한 경험.

086 _ 魔鬼身材

Mó guǐ shēn cái

마귀의 몸매라는 뜻. 여자의 몸매가 표준에 가깝고 럭셔리 하면서 섹시한 몸매를 가지고 있는 것을 말하죠. 우리 주위에 마귀의 몸매를 가지고 있는 여성이 많은가 찾아볼까요? 헌데 몸매만 예쁘면 뭐해요? 얼굴도 예뻐야지요. ㅎㅎㅎ

하지만, 제일 중요하고 소중한 것은 예쁜 마음을 간직한 것이 아닐까요?

A 都说韩国的金惠洙是魔鬼身材。
　　Dōu shuō hán guó de jīn huì zhū shì mó guǐ shēn cái.

B 确实是很美。
　　Què shí shì hěn měi.

A 你说我努力运动，能不能变成她
　　Nǐ shuō wǒ nǔ lì yùn dòng, néng bù néng biàn chéng tā

　　那样的魔鬼身材?
　　nà yàng de mó guǐ shēn cái?

B 别臭美了。
　　Bié chòu měi le.

A 모두들 한국의 김혜수 몸매는 아주 환상적이라고 그러지.
B 확실히 멋져.
A 나도 운동 열심히 하면 그런 환상적인 몸매가 되지않을까
　　하는데 네 생각은 어때?
B 꿈깨라.

 단어와 문법 이야기

努力 nǔ lì 노력하다
臭美 chòu měi 꿈 깨!

 이렇게 사용해 봐~

请看魔鬼身材视频。
qǐng kàn mó guǐ shēn cái shì pín.
'멋진 몸매' 동영상을 보세요

肥女变魔鬼身材。
Féi nǚ biàn mó guǐ shēn cái.
뚱녀가 멋진 몸매로 변하다.

087 人在高三, 身不由己
Rén zài gāo sān, shēn bù yóu jǐ

일반적으로 人在江湖, 身不由己(사람이 강호에 있지만 제 몸을 맘대로 할 수 없다)라고 표현을 하는데요. 한국도 마찬가지지만 중국에서도 치열한 입시경쟁은 아주 유명하죠. 고3 학생들이 자신들의 신세를 한탄하며 이 말을 人在高三, 身不由己(사람이 고3이니 제 몸을 제가 맘대로 할 수 없다)라고 패러디하죠. 중국이나 한국이나 고3들이 안쓰러운 건 마찬가지죠?

A 你还没回家。
Nǐ hái méi huí jiā.

B 人在高三，身不由己。
Rén zài gāo sān, shēn bù yóu jǐ.

我打算今天不回家了。
wǒ dǎ suàn jīn tiān bù huí jiā le.

A 那你饭也不吃了？
Nà nǐ fàn yě bù chī le?

B 不吃了，你先请回吧。
Bù chī le, nǐ xiān qǐng huí ba.

A 너 아직 집에 안갔네.

B 고3이라서 이 몸이 어쩔수가 없구나. 나 오늘 집에
안 돌아갈 예정이야.

A 그럼 너 밥도 안먹을거야?

B 안먹어, 너 먼저 돌아가셔.

 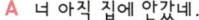

♥ 단어와 문법 이야기

请回 qǐng huí 집으로 돌아가라는 말을 공손히 표현함

✿ 이렇게 사용해 봐~

人在江湖身不由己，我还有选择的余地吗？ Rén zài jiāng hú shēn bu yóu jǐ, wǒ hái yǒu xuǎn zé de yú dì ma?
매인 몸이니 어쩌겠니, 내가 선택할 여지가 어딨어?

人在高三身不由己啊，我不学习还能干什么？ Rén zài gāo sān shēn bu yóu jǐ a, wǒ bù xué xí hái néng gàn shén me?
고3이니 어쩌겠니, 내가 공부 안하고 할게 뭐 있겠어?

Shǎn liàng dēng chǎng

闪亮登场은 아주 잠깐 등장한다는 의미지요. 원래는 광고에서 주로 쓰는 말인데, 지금은 실생활에서

도 자주 쓰고 있지요. 요즘 이 성어의 뜻은 새로운 사물이 나타난 후 사람의 주의를 받는다는 의미로 闪亮이 광범위하게 쓰이고 있어요. 예를 들면 예전에 본적이 없었던 새로운 제품이 등장했다면 사람들은 굉장

히 신기해 하고 관심을 갖게 되겠지요?
이때 '~제품이 闪亮登场했다.'라고 하지요.

A 为了小朋友的安全，新型智能电话终于闪亮登场了。
Wèi le xiǎo péng you de ān quán, xīn xíng zhì néng diàn huà zhōng yú shǎn liàng dēng chǎng le.

B 什么样的电话？
Shén me yàng de diàn huà?

A 小朋友想给爸爸打电话，只要把规定的卡
Xiǎo péng you xiǎng gěi bà ba dǎ diàn huà, zhǐ yào bǎ guī dìng de kǎ

接触在电话机上就可以了。
jiē chù zài diàn huà jī shang jiù kě yǐ le.

B 真的？真有这样的电话？
Zhēn de? Zhēn yǒu zhè yàng de diàn huà?

A 科学发达了，我们的梦想成真了。
Kē xué fā dá le, wǒ men de mèng xiǎng chéng zhēn le.

신제품 출시!!
마늘맛 아이스 크림♥

우왕 맛있겠다

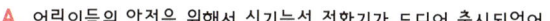

A 어린이들의 안전을 위해서 신기능성 전화기가 드디어 출시되었어.
B 어떤 전화야?
A 아이들이 아빠에게 전화를 하고자 할 때 지정된 카드를
전화기에 접촉을 하면 돼.
B 정말? 정말 이런 전화기가 있다고?
A 과학이 발달했잖아, 우리들의 꿈이 현실이 되었어.

 단어와 문법 이야기

接触 jiē chù 접촉하다
梦想成真 mèng xiǎng chéng zhēn 꿈이 이루어
지다

 이렇게 사용해 봐~

迷你MP3闪亮登场。
Mí nǐ MP sān shǎn liàng dēng chǎng.
미니 MP3이 깜짝 출시되었다.

089_素面朝天
Sù miàn cháo tiān

素面朝天을 그대로 해석하면 맨 얼굴로 하늘을 향한다는 의미지요. 원래는 화장을 하지 않고 황제를 만난다는 의미로 시작되었다지요. 이 성어에 관한 이야기는 〈양태진외전 扬太贞外传〉이란 책에 나오는데요, 괵국부인은 천하일색의 미인으로 화장도 하지 않고 꾸미지 않고서 당태종(唐太宗)을 만났다는 이야기를 전하고 있지요. 현재도 여전히 화장을 하지 않는다는 의미로 쓰이지만 좀

더 의미를 넓혀서 굉장히 소박함을 표현합니다.

한국에서는 쌩얼이라는 말이 있잖아요. 쌩얼이 바로 素面朝天이겠죠? 헌데 요즘 화장을 안하고 다니는 사람이 과연 미인이라고 할수 있나요? 나이가 어릴

면 모르는데 일정한 나이가 되어서 화장을 안하면 왠지 아파 보이고 특히나 중요한 자리에 화장을 안하고 나간다면 상대방에 대한 예의가 아닌듯 싶습니다. 그렇지 않나요?

A 男人可以不化妆。而女人们，除了十几岁的
Nán rén kě yǐ bú huà zhuāng. ér nǚ rén men, chú le shí jǐ suì de

妙龄少女，有几个真敢素面朝天？
miào líng shào nǚ, yǒu jǐ ge zhēn gǎn sù miàn cháo tiān?

B 对，换句话来干净整齐的外表是一种礼貌。
Duì, huàn jù huà lái gān jìng zhěng qí de wài biǎo shì yì zhǒng lǐ mào.

所以应该化妆。
suǒ yǐ yīng gāi huà zhuāng.

A 但费很长时间。
Dān fèi hěn cháng shí jiān.

B 做美女要得勤快一点。
Zuò měi nǚ yào děi qín kuài yì diǎn.

A 남자들은 화장을 안해도 되지. 하지만 여자들은 나이어린 소녀를
제외하고 감히 화장기 없은 얼굴로 몇이나 밖에 나올 수 있을까?

B 맞어, 바꿔서 말하면 깨끗하고 단정한 외모는 하나의 예절이지.
때문에 화장을 해야 해.

A 하지만 시간이 너무 많이 소요돼.

B 미녀가 아름다워지려면 부지런해야지.

 단어와 문법 이야기

礼貌 wài biǎo 예절
勤快 qín kuài 부지런하다

 이렇게 사용해 봐~

明星素面朝天的生活。
Míng xīng sù miàn cháo tiān de shēng huó.
연예인의 생얼생활.

"素面朝天" 能形容美女吗?
"Sù miàn cháo tiān" néng xíng róng měi nǚ ma?
생얼로 미인이 될 수 있을까?

090 小菜一碟

Xiǎo cài yì dié

중국에서 小菜는 간편하게 먹는 짠지 정도의 반찬을 말하죠. 一碟는 한 접시 라는 뜻이지요. 그래서 小菜一碟의 뜻은 아주 간단한 한 접시 요리 즉 아주 쉽 고 간단하게 해결할 수 있는 일을 말할 때 쓰지요. 예를 들면 "나에게 있어 중

작(中作)은 小菜一碟야." 즉 중작을 아주 잘한다는 말이지요. 개로 말하면 수학은 小 菜一碟야. 나한테 있어서 어떤 일을 처리하 는 것이 식은죽 먹기라면 모두 小菜一碟라 고 하면 됩니다.

A 小方，求你一件事儿，好吗？
　　Xiǎo fāng, qiú nǐ yí jiàn shìer, hǎo ma?

B 什么事儿？
　　Shén me shìer?

A 帮我把这篇短文翻译成英文好吗？
　　Bāng wǒ bǎ zhè piān duǎn wén fān yì chéng yīng wén hǎo ma?

B 我在美国生活了都10多年了，
　　Wǒ zài měi guó shēng huó le dōu shí duō nián le,

　　对我来说是小菜一碟，放心吧。
　　duì wǒ lái shuō shì xiǎo cài yì dié, fàng xīn ba.

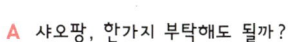

A 샤오팡, 한가지 부탁해도 될까?
B 무슨 일 인데?
A 이 단문을 영작 좀 해줄래?
B 나 미국에서 10년을 살았어,
　　이런건 식은 죽 먹기지, 걱정마.

 단어와 문법 이야기

求 qiú (일 등을) 부탁하다. 빌다
篇 piān (문장 등을 세는) 편
成 chéng ~이 되게 하다
放心 fàng xīn 마음을 놓다

 이렇게 사용해 봐~

中级汉语对我来说简直是小菜一碟。
Zhōng jí hàn yǔ duì wǒ lái shuō jiǎn zhí shì xiǎo
cài yì dié.
중급중국어 정도는 나로선 그야말로 식은 죽 먹기야.

A 你做什么？
Nǐ zuò shén me?

B 学习呢。人在江湖，身不由己啊。不充电不行。
Xué xí ne. rén zài jiāng hú, shēn bù yóu jǐ a. bù chōng diàn bù xíng.

A 出来散散心吧，我带你去见一个人，让你大跌眼镜。
Chū qu shàn shàn xīn ba, wǒ dài nǐ qù jiàn yí ge rén, ràng nǐ dà diē yǎn jìng.

B 谁啊，那个人准备给你"第一桶金"啊？
Shéi a, nà ge rén zhǔn bèi gěi nǐ "dì yī tǒng jīn" a?

A 那倒不是，不过那个人给了我她的心。你猜她是谁吧。
Nà dào bú shi, bú guo nà ge rén gěi le wǒ tā de xīn. nǐ cāi tā shi shéi ba.

B 不会是我们学校的素面朝天，魔鬼身材的小方吧？
Bú huì shi wǒ men xué xiào de sù miàn cháo tiān, mó guǐ shēn cái de xiǎo fāng ba?

A 正是她。
Zhèng shi tā.

B 有没有搞错啊？你是不是做了什么"暗箱操作"？
Yǒu méi yǒu gǎo cuò a? nǐ shi bu shi zuò le shén me "àn xiāng cāo zuò"?

A 我可不那么坏，我是给了她我的真心。
Wǒ kě bú nà me huài, wǒ shi gěi le tā wǒ de zhēn xīn.

B 鬼才相信呢。
Guǐ cái xiāng xìn ne.

회화해석

A 너 뭐해?

B 공부하고 있어. 매인 몸이라 어쩔수가 없네. 충전을 안하면 안되지.

A 나와서 바람을 좀 쐬자, 나하고 한사람 만나러 가야돼, 너 깜짝 놀랄
거야.

B 누구야, 그녀가 너에게 '한 통의 금'이라도 줬니?

A 그건 아닌데, 그녀가 나에게 마음을 주었어, 너 누군지 맞춰 봐.

B 우리 학교의 자연미인, 환상몸매 샤오팡은 아니겠지?

A 바로 그녀야.

B 뭐가 잘못된 거 아니니? 너 몰래 뭐 나쁜 짓 한 거 아니지?

A 나 그렇게 안나빠, 그녀에게 내 진심을 주었다고.

B 귀신이나 믿겠지.

새로 생긴 단어를 알아보자!

- **暗箱操作** àn xiāng cāo zuò | 뒤에서 권리을 남용하여 부정하게 조작한다는 뜻
- **大跌眼镜** dà diē yǎn jìng | 굉장히 놀라다
- **第一桶金** dì yī tǒng jīn | 경제활동에서의 첫 발자국을 말함
- **花落谁家** huā luò shuí jiā | 최종승자는 누굴까?
- **见光死** jiàn guāng sǐ | 보기만 하면 죽다. 접촉만 하면 죽는다. 인터넷사랑을 말함
- **魔鬼身材** mó guǐ shēn cái | 아주 럭셔리하면서 섹시한 표준형 몸매를 말함
- **人在高三, 身不由己** rén zài gāo sān, shēn bù yóu jǐ | 고3이라서 할 수 없는 일이다
- **闪亮登场** shǎn liàng dēng chǎng | 새로운 사물이 나타난 후 많은 관심을 받다
- **素面朝天** sù miàn cháo tiān | 꾸미지 않은 굉장히 소박함을 말함
- **小菜一碟** xiǎo cài yì dié | 아주 쉽게 해결할수 있다
- **邻家女孩** lín jiā nǚ hái | 평범한 여자아이
- **天王巨星** tiān wáng jù xīng | 연예계나 스포츠계에서 사랑받는 사람
- **物超所值** wù chāo suǒ zhí | 물건에 비해서 가격이 낮다
- **咸鱼翻身** xián yú fān shēn | 단시간에 상황이 안좋은 쪽으로부터 좋은 쪽으로 변했을 때 하는 말
- **血本无归** xuè běn wú guī | 본전을 모두 밀어넣고 하나도 못건지다
- **一步到位** yí bù dào wèi | 한가지 경로를 거쳐서 일을 처리한다는 뜻
- **一头雾水** yì tóu wù shuǐ | 냉수를 끼얹다, 멍하다
- **多米诺骨牌** duō mǐ nuò gǔ pái | 연쇄반응, 혹은 도미노현상

A 你做什么？

B 学习呢。人在高三，身不由己，人在江湖还是身不由己啊。不充电不行。

A 出来散散心吧，我带你去见一个人，让你 [1)_____]。

B 谁啊，那个人准备给你"[2)_____]"啊？

A 那倒不是，不过那个人给了我她的心。你 [3)_____] 她是谁吧。

B 不会是我们学校的 [4)_____]，[5)_____] 的小方吧？

A 正是她。

B 有没有 [6)_____] 啊？你是不是做了什么"[7)_____]"？

A 我可不那么坏，我是给了他我的真心。

B 鬼才相信呢。

224

Part 10
流行语句
유행어

091 感情经得起风雨，却经不起平淡；友情经得起平淡，却经不起风雨。

092 人家有的是背景，而我有的只是背影。

093 不是故事的结局不够好,而是我们对故事的要求过多！

094 爱情就像两个拉橡皮筋的人，受伤的总是不愿放手的那个。

095 单身并不难，难的是应付那些千方百计想让你结束单身的人。

096 有时候，不是对方不在乎你，而是你把对方看的太重。

097 真正的好朋友，并不是在一起就有聊不完的话题，而是在一起，就算不说话，也不会觉得尴尬。

098 没有100分的另一半，只有50分的两个人！

099 不要整天抱怨生活，生活根本就不会知道你是谁，更别说它会听你的抱怨。

100 通常愿意留下来跟你争吵的人，才是真正爱你的人！

091

感情经得起风雨，却经不起平淡；
Gǎn qíng jing de qǐ fēng yǔ, què jīng bù qǐ píng dàn;
友情经得起平淡，却经不起风雨。
yǒu qíng jing de qǐ píng dàn, què jīng bù qǐ fēng yǔ.

감정은 풍파를 이길 수 있지만 평탄
운 이길 수 없고 우정이 평탄운 이
길 수 있지만 풍파는 이길 수 없다.
이 말은 요즘 많이 유행하는 말인데
요 사실 한국에서도 마찬가지로 사랑
하는 사람과 항상 대화도 없고 무미
건조하다면 사람들은 그 상황을 너무
힘들어하고 사랑이 식은 거라고 단정
을 짓습니다.

반대로 친구를 사귈 때는 부담없이
대화하고 즐길 수 있는 친구를 찾고자 하는 게 중국이나 한국이나 똑같은 심리
가 아닐까요?

A 我真感谢小方，我最伤心的时候她也没有离开我。
　　Wǒ zhēn gǎn xiè xiǎo fāng, wǒ zuì shāng xīn de shí hou tā yě méi yǒu lí kāi wǒ.

B 有这么一句很经典的话，感情经得起风雨，
　　Yǒu zhè me yí jù hěn jīng diǎn de huà. Gǎn qíng jīng de qǐ fēng yǔ,

　　却经不起平淡；友情经得起平淡，
　　què jīng bu qǐ píng dàn; yǒu qíng jīng de qǐ píng dàn,

　　却经不起风雨。
　　què jīng bu qǐ fēng yǔ.

A 我应该怎样报答她？
　　Wǒ yīng gāi zěn yàng bào dá tā?

B 你以后多给她爱吧。
　　Nǐ yǐ hòu duō gěi tā ài ba.

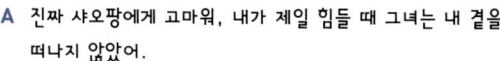

A 진짜 샤오팡에게 고마워, 내가 제일 힘들 때 그녀는 내 곁을
　　떠나지 않았어.
B 이런 말이 있잖냐, 감정은 비바람을 이겨낼 수 있어도 평범함은 이겨낼
　　수 없고 우정은 평범함을 이겨낼 수 있어도 비바람을 이겨낼 수 없다고.
A 난 어떻게 그녀에게 보답을 하지?
B 앞으로 그녀를 많이 사랑해 줘라.

 단어와 문법 이야기

伤心 shāng xīn 슬프다
经得起 jīng de qǐ 견디다, 이겨내다
报答 bào dá 보답하다

092

人家有的是背景，
Rén jiā yǒu de shì bèi jǐng,

而我有的只是背影。
ér wǒ yǒu de zhǐ shì bèi yǐng.

다른 사람이 있는 것은 백이고 내가 있는 것은 그림자 뿐이다. 이 말에서의 포인트는 背景과 背影이다. 전자는 배경이고 후자는 등의 그림자이다. 유머러스해 보이는 말이지만 좀 처량해 보이기도 하죠. 남은 백이 좋아서 잘 되는데 나는 백도 없고 돈도 없이 등의 그림자만 있으니 참 ㅠㅠ

그래도 열심히 노력하면서 기다리다 보면 기회는 오지 않을까요?

A 听说小李进了大公司了?
Tīng shuō xiǎo lǐ jìn le dà gōng sī le?

B 人家有的是背景，而我有的是背影。
Rén jiā yǒu de shì bèi jǐng, ér wǒ yǒu de shì bèi yǐng.

好悲啊!!
Hǎo bēi a!!

A 怎么羡慕他了?
Zěn me xiàn mù tā le?

B 说不是就是假话。
Shuō bú shì jiù shì jiǎ huà.

A 듣자하니 샤오리가 대기업에 들어갔다면서?
B 걔는 배경이 좋잖아, 나는 등그림자 뿐이니.
너무 슬퍼.
A 걔가 부럽니?
B 아니라면 거짓말이겠지.

 단어와 문법 이야기

背景 bèi jǐng 배경
背影 bèi yǐng 등 그림자, 뒷 모습
悲 bēi 슬프다

093

不是故事的结局不够好
Bú shì gù shì de jié jú bú gòu hǎo
而是我们对故事的要求过多！
ér shì wǒ men duì gù shì de yāo qiú guò duō!

줄거리의 결과가 안좋은 게 아니고 우리가 줄거리 대한 기대치가 너무 높다. 요즘 드라마를 보면 너무 재미없고 같은 얘기를 반복하는 것 같죠.

직역을 하면 사람들이 너무 드라마를 보는 수준이 높아지고 그에 대한 요구도 점점 높아지고 있습니다. 의역을 한다면 우리는 생활이 좋아짐에 따라서 점점 원하는 것이 많아지고 있다라고 보면 되겠죠.

A 现在的电视剧怎么就这么没品味，
Xiàn zài de diàn shì jù zěn me jiù zhè me méi pǐn wèi,

你看故事的结局还是莫名其妙。
nǐ kàn gù shì de jié jú hái shì mò míng qí miào.

B 不是故事的结局不够好而是
Bú shì gù shì de jié jú bú gòu hǎo ér shì

我们对故事的要求过多！
wǒ men duì gù shì de yāo qiú guò duō!

A 可能是吧。
Kě néng shì ba.

B 我们还是看娱乐节目吧。
Wǒ men hái hì kàn yú lè jié mù ba.

A 요즘 드라마는 볼 만한게 없어, 봐라 줄거리의 결말도 이상하잖아.

B 줄거리의 결과가 안좋은 게 아니라 줄거리에 대해 우리의 기대치가 너무 높은거야.

A 아마도 그렇겠지.

B 우리 그냥 오락 프로그램이나 보자.

 단어와 문법 이야기

品味 pǐn wèi 감상할 가치
莫名其妙 mò míng qí miào 영문을 모르다
要求 yāo qiú 요구하다
娱乐节目 yú lè jié mù 오락 프로그램

094

爱情就像两个拉橡皮筋的人，
Ài qíng jiù xiàng liǎng gè lā xiàng pí jīn de rén,

受伤的总是不愿放手的那个。
shòu shāng de zǒng shì bú yuàn fàng shǒu de nà gè.

사랑은 두 사람이 고무 줄을 잡아 당기는 것(拉橡皮筋)과 같이 상처를 받는 쪽은 언제나 손을 안 놓으려는(不願放手) 쪽이다. 머리로는 이해를 하지만 가슴이 따라주지 않는 것이 현실이죠. 상처를 받는 걸 뻔히 아는데 집착을 하게 되고 손을 놓기 싫은 걸 어떡하면 좋을까요?

이럴 땐 정말 나 싫다는 사람을 깡그리 잊어버리고 빨리 아픔에서 헤어나올 수 있는 약이 있었으면 좋겠어요. 안 그래요?

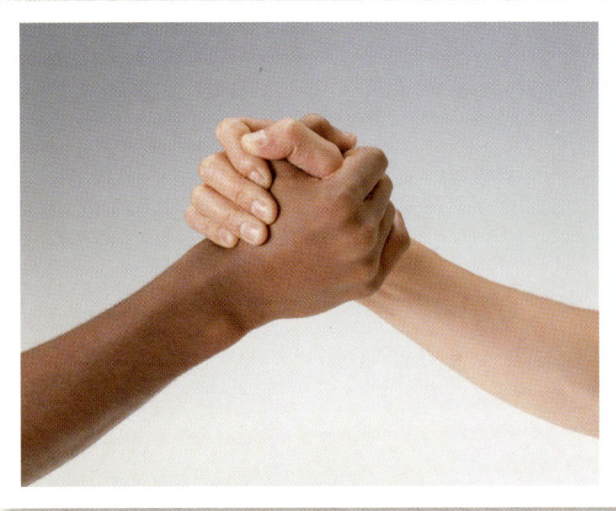

A 爱情就像两个拉橡皮筋的人,
　　Ài qíng jiù xiàng liǎng ge lā xiàng pí jīn de rén,

　　受伤的总是不愿放手的那个。
　　shòu shāng de zǒng shì bú yuàn fàng shǒu de nà gè.

B 这我知道,但我真的不愿跟他分手。
　　Zhè wǒ zhī dao, dàn wǒ zhēn de bú yuàn gēn tā fēn shǒu.

A 他的心已经不在你这儿了。
　　Tā de xīn yǐ jing bú zài nǐ zhèr le.

B 但我的感情我无能为力。
　　dàn wǒ de gǎn qíng wǒ wú néng wéi lì.

A 사랑은 마치 두 사람이 고무 줄을 잡아 당기는 것처럼
　　상처받는 쪽은 언제나 손을 놓지 않는 쪽이야.
　　상대방의 마음은 이미 너한테 있지 않아.
B 나도 알아, 하지만 난 정말 그와 헤어지고 싶지 않아.
A 그의 마음은 이미 너한테 있지 않다고.
B 내 마음 나도 어찌할 수가 없다구.

 단어와 문법 이야기

不愿 bú yuàn 원하지 않다
已经 yǐ jing 이미
无能为力 wú néng wéi lì 어찌할 방법이 없다

095

单身并不难，难的是应付那些
Dān shēn bìng bù nán, nán de shì yìng fù nà xiē
千方百计想让你结束单身的人。
qiān fāng bǎi jì xiǎng ràng nǐ jié shù dān shēn de rén.

싱글은 어렵지 않다. 어려운 것은 방법을 가리지 않고 너에게 싱글 생활을 그만두게 하려는 사람이다. 요즘 중국에도 결혼연령이 점차 늦어지고 있고 화려한 싱글을 꿈 꾸면서 결혼을 원하지 않는 싱글쪽들이 점점 많아지고 있지요. "결혼 안하고 혼자 살거야." 하면서 열심히 충전하면서 자기관리를 철저히 하죠.

하지만 일단 호감가는 상대가 생기거나 혹은 상대가 본인에게 호감을 보이면 싱글을 졸업하게 되는거죠. 그래서 아마 이런 유행어도 나온듯 싶어요.

A 我不愿意结婚，我要单身过一辈子。
  Wǒ bú yuàn yì jié hūn, wǒ yào dān shēn guò yí bèi zi.

B 单身并不难，难的是应付那些千方百计想让
  Dān shēn bìng bù nán, nán de shì yìng fù nà xiē qiān fāng bǎi jì xiǎng ràng

  你结束单身的人。
  nǐ jié shù dān shēn de rén.

A 有没有摆脱的办法？
  Yǒu méi yǒu bǎi tuō de bàn fǎ?

B 没有，除非男人永远不遇见女人。
  Méi yǒu, chú fēi nán rén yǒng yuǎn bú yù jiàn nǚ rén.

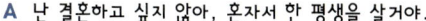

A 난 결혼하고 싶지 않아, 혼자서 한 평생을 살거야.
B 독신은 어렵지 않다만은 어려운 것은 온갖 방법을 다해서 너의
  독신생활을 끝내게 하려는 사람에 대해 대처하는 것이야.
A 벗어 날 방법은 없나?
B 없어, 남자가 영원히 여자와 안부딪힌다면 몰라도.

 단어와 문법 이야기

一辈子 yí bèi zi 한평생
并 bìng 결코
千方百计 qiān fāng bǎi jì 갖은 방법
摆脱 bǎi tuō 벗어나다
除非 Chú fēi ~한다면

096

有时候，不是对方不在乎你，
Yǒu shí hou, bú shì duì fāng bú zài hu nǐ,

而是你把对方看的太重。
ér shì nǐ bǎ duì fāng kàn de tài zhòng.

어떤 때는 상대방이 너를 소중히 여기지 않는 것이 아니고 네가 상대방을 너무 깊게 생각하기 때문이다. 사랑을 할 때는 상대방이 조금 소홀히 하는 것 같으면 사랑이 식은거라고 의심을 하게 되는 것이 일반적이지요. 항상 상대방을 배려해주면서 버릴 건 버려야 하는데 우리는 그것이 잘 되지 않아요. 그래서 갈등도 생기고 오해도 생기면서 상대방이 이젠 나를 不在乎(소중히 여기지 않

다)로 생각하게 되지

요. 상대(对方)를 너무 깊게 생각(看的太重)하지 맙시다.

A 处了6年多了，我感觉他好像不那么在乎我。

Chù le liù nián duō le, wǒ gǎn jué tā hǎo xiàng bú nà me zài hu wǒ.

B 有时候，不是对方不在乎你，

Yǒu shí hou, bú shì duì fāng bú zài hu nǐ,

而是你把对方看的太重。

ér shì nǐ bǎ duì fāng kàn de tài zhòng.

A 话是那么说，但是我怕我们的爱情之火慢慢熄灭了。

Huà shì nà me shuō, dàn shì wǒ pà wǒ men de ài qíng zhī huǒ màn man xī miè le.

B 两个人都一起6年了，

Liǎng gè rén dōu yì qǐ 6nián le,

你俩爱情没了但有了感情。

nǐ liǎ ài qíng méi le dàn yǒu le gǎn qíng.

A 6년 동안이나 사귀었더니 내 생각에 그가 날 그렇게
마음에 두지는 않는 것 같애.

B 어떨 땐 상대방이 너를 마음에 두지 않는 것이 아니라
네가 상대방을 너무 깊게 생각하는 거야.

A 말은 그렇게 하지만 나는 우리 둘의 사랑이 천천히 식어갈까봐 두려워.

B 두 사람이 6년을 같이 했는데 너희 둘이 사랑은 없어도 정은 있잖아.

 단어와 문법 이야기

在乎 zài hu 마음에 두다
熄灭 xī miè 꺼지다

真正的好朋友，并不是在一起就有聊不完的话题，
Zhēn zhèng de hǎo péng yǒu, bìng bú shì zài yì qǐ jiù yǒu liáo bu wán de huà tí,
而是在一起，就算不说话，也不会觉得尴尬。
ér shì zài yì qǐ, jiù suàn bù shuō huà, yě bú huì jué de gān gà.

친구란 말은 사실 너무나 따뜻하고 정감이 넘치는 말이죠. 사실 대화가 되는 사람도 없고 힘들 때 도와주지 못한다면 그건 친구라고 할 수가 없는 것 같아요.

중국인들도 친구를 바로 이런 존재로 생각을 하죠. 그래서 '진정한 친구라면 함께 있을 때 할 말이 많은 것은 아니고 같이 있을 때, 말을 안 하더라도 불편하지 않아야 한다.'고 말을 하지요. 친구란 바로 이런 존재 아닌가요?

A 真正的好朋友，并不是在一起就有聊不完的话题，
　Zhēn zhèng de hǎo péng you, bìng bú shì zài yì qǐ jiù yǒu liáo bu wán de huà tí,

　而是在一起，就算不说话，也不会觉得尴尬。
　ér shì zài yì qǐ, jiù suàn bù shuō huà, yě bú huì jué de gān gà.

B 对，但现在交一个真正的好朋友太难了。
　Duì, dàn xiàn zài jiāo yí ge zhēn zhèng de hǎo péng you tài nán le.

A 交个好朋友有私心不行。
　Jiāo ge hǎo péng you yǒu sī xīn bù xíng.

B 但不可能没有私心地接触人。
　Dàn bù kě néng méi yǒu sī xīn de jiē chù rén.

A 진정한 친구는 같이 있을 때 이야기 꺼리가 끝없이 많아야 되는
　　것이 아니라 같이 있을 때 말을 안해도 어색하지 않아야 한다.
B 맞어, 그러나 지금 진정한 친구를 찾기란 정말 쉽지 않지.
A 좋은 친구를 찾을 때 사심이 있으면 안돼.
B 근데 어떻게 사심없이 사람과 접촉할 수 있겠니.

 단어와 문법 이야기

聊不完 liáo bù wán 이야기가 끝이 없다
尴尬 gān gà 어색하다
私心 sī xīn 사심

098

没有100分的另一半,
méi yǒu yì bǎi fēn de lìng yí bàn,
只有50分的两个人!
zhǐ yǒu wǔ shí fēn de liǎng gè rén.

똑같은 100점은 없다. 오로지 50점 짜리 두 사람만 있을 뿐이다. 하지만 우리는 항상 나는 100점이 아닐지라도 상대방은 항상 완벽하길 원하지요. 그래서 의견충돌이 생기고 얼굴을 붉히게 되고 감정이 상하게 됩니다.

주위 사람과 트러블이 생겨 마음이 많이 아프다면 한 번 쯤은 没有100分的另一半, 只有50分的两个人! 을 생각해보심 어떤가요?

A 世上没有100分的另一半，
Shì shàng méi yǒu yì bǎi fēn de lìng yí bàn,

只有50分的两个人。
zhǐ yǒu wǔ shí fēn de liǎng gè rén.

B 但我们总是要求对方满100分。
Dàn wǒ men zǒng shì yāo qiú duì fāng mǎn yì bǎi fēn.

A 所以矛盾重重。
Suǒ yǐ máo dùn chóng chóng.

B 我们得学会让一步。
Wǒ men děi xué huì ràng yí bù.

A 세상에는 100점 짜리 다른 한 쪽이 없어,
다만 50점 짜리 두 사람 만 있을 뿐이야.
B 그러나 우리는 언제나 상대방이 100점 이길 원하지.
A 그래서 모순이 생기는거야.
B 우리는 뒤로 물러서는 법을 배워야 해.

 단어와 문법 이야기

要求 yāo qiú 요구하다

矛盾 máo dùn 모순

让 ràng (뒤로) 물러서다

099

不要整天抱怨生活，生活根本就不会
Bú yào zhěng tiān bào yuàn shēng huó, shēng huó gēn běn jiù bú huì

知道你是谁，更别说它会听你的抱怨。
zhī dào nǐ shì shuí, gèng bié shuō tā huì tīng nǐ de bào yuàn.

하루 종일 생활을 원망하지 말라. 생활은 네가 누군지 모른다. 게다가 너의 불평불만을 들어 줄 리는 더더욱 없다. 하지만 우리가 사는 세상은 결코 호락호락하지만은 않아서 힘들 때 가끔은 생활을 원망하고 또 자책할 때가 있지요. 치열한 경쟁 속에서 살아가고 있는 요즘 우리는 어떻게 즐겁게 모든 상황에 직면하고 대처해 나가야 할까요?

A 不要整天抱怨生活，生活根本就不会知道你是谁，
Bú yào zhěng tiān bào yuàn shēng huó, shēng huó gēn běn jiù bú huì zhī dào nǐ shì shuí,

更别说它会听你的抱怨。
gèng bié shuō tā huì tīng nǐ de bào yuàn.

B 太多的事情发生在我身上，真是想抱怨一切。
Tài duō de shì qing fā shēng zài wǒ shēn shàng, zhēn shì xiǎng bào yuàn yí qiè.

A 越是困难越得乐观一点，凡事往好处想，
Yuè shì kùn nán yuè děi lè guān yì diǎn, fán shì wǎng hǎo chù xiǎng,

这样事情肯定有好转的。
zhè yàng shì qing kěn dìng yǒu hǎo zhuǎn de.

B 我会努力的。
Wǒ huì nǔ lì de.

긍정적으로 생활해 봐

모든게 다 원망스러워 흑흑

A 온종일 생활을 원망하지 마, 생활은 네가 누군지도 아예 모르고 더욱이 너의 원망을 듣지도 못해.
B 내게 너무 많은 일이 일어나니 정말로 모든 것을 원망하고 싶어.
A 어려울 수록 사람은 낙관적이여야 해, 모든 것을 좋은 쪽으로 생각하면 일은 꼭 좋은 쪽으로 전환이 될거야.
B 노력할께.

 단어와 문법 이야기

根本 gēn běn 아예, 전혀
抱怨 bào yuàn 원망하다
肯定 kěn dìng 꼭, 긍정적이다

100

通常愿意留下来跟你争吵的人，
Tōng cháng yuàn yì liú xià lái gēn nǐ zhēng chǎo de rén,
才是真正爱你的人！
cái shì zhēn zhèng ài nǐ de rén!

항상 곁에 있으면서 너에게 충고를 하려는 사람이 진정 너를 아끼는 사람이다.

사실 내가 상대에게 관심이 없다면 상대가 어쨌든 신경을 쓰지 않게 되지만 상대가 나와 연관이 있고 또 내가 아끼는 사람이라면 상대의 모든 것에 신경을 쓰면서 간섭을 하게 되죠. 상대를 너무 아끼고 사랑하기 때문이죠.

하지만 그것도 도가 지나치면 또 상대의 불쾌감을 자아내기 때문에 적당한 간섭을 하심이……. ㅎㅎㅎ 상대방이 너무 귀찮게 하면 짜증내기 전에 "通常愿意留下来跟你争吵的人，才是真正爱你的人！"이 말을 한 번 되새겨 봐요.

A 我和李姐总是有意见冲突，都有点讨厌她了。
Wǒ hé lǐ jiě zǒng shì yǒu yì jiàn chōng tū, dōu yǒu diǎn tǎo yàn tā le.

B 通常愿意留下来跟你争吵的人，才是真正爱你的人！
Tōng cháng yuàn yì liú xià lái gēn nǐ zhēng chǎo de rén, cái shì zhēn zhèng ài nǐ de rén!

A 话是这么说，但是真希望她少管闲事，
Huà shì zhè me shuō, dàn shì zhēn xī wàng tā shǎo guǎn xián shì,

她也不是我妈。
tā yě bú shì wǒ mā.

B 这么说你就不对了，
Zhè me shuō nǐ jiù bú duì le,

人家都是关心你才这么做。
rén jiā dōu shì guān xīn nǐ cái zhè me zuò.

A 나와 미스리 언니는 언제나 의견 충돌이 있어, 정말 좀 미워.
B 일반적으로 남아서 너와 다투는 사람은 바로 너를 진정으로
사랑하는 사람이야.
A 말은 그렇게 하지만 나는 정말 쓸데없는 일에 참견 않했음 해.
그 언니가 우리 엄마도 아니잖아.
B 그렇게 말하면 네가 잘못하는 거야. 그녀는 너를 생각해서 그러는거 잖니.

 단어와 문법 이야기

意见冲突 yì jiàn chōng tū 의견충돌
讨厌 tǎo yàn 밉다
少管闲事 shǎo guǎn xián shì 쓸데 없는 일에 참
견하지 않다

A 愁眉苦脸的，怎么了？
Chóu méi kǔ liǎn de, zěn me le?

B 真是闹心，我想我的男友太小气了。总为小事儿跟我争吵。
Zhēn shi nào xīn, wǒ xiǎng wǒ de nán yǒu tài xiǎo qì le. Zǒng wèi xiǎo shì er gēn wǒ zhēng cǎo.

A 你不知道吗？ 通常愿意留下来跟你争吵的人，才是真正爱你的人！
Nǐ bù zhī dào ma? Tōng cháng yuàn yi liú xià lái gēn nǐ zhēng cǎo de rén, cái shi zhēn zhèng ài nǐ de rén.

B 算了吧，那都是故意编的。
Suàn le ba, nà dōu shi gù yi biān de.

A 世上没有100分的另一半，只有50分的两个人。我看你也想想你的有
Shì shang méi yǒu 100 fēn de lìng yí bàn, zhǐ yǒu 50 fēn de liǎng ge rén. wǒ kàn nǐ yě xiǎng xiǎng nǐ de yǒu

些方面是不是让他很不喜欢。
xiē fāng miàn shi bú shi ràng tā hěn bù xǐ huān.

B 我感觉我比他更在乎对方。
Wǒ gǎn jué wǒ bǐ tā gèng zài hu duì fāng.

A 我看不是他不在乎你，而是你把他看得太重了。
Wǒ kàn bú shi tā bú zài hu nǐ, ér shi nǐ bǎ tā kàn de tài zhòng le.

B 可能是吧。
Kě néng shì ba.

A 该放手的时候放手，要不然受伤的还是你自己。
Gāi fàng shǒu de shí hou fàng shǒu, yào bu rán shòu shāng de hái shi nǐ zì jǐ.

B 说的容易做起来难啊，哎……。
Shuō de róng yi zuò qǐ lái nán a. āi.

단어정리

- **愁眉苦脸** Chóu méi kǔ liǎn
  울상이 되다

- **要不然** yào bu rán
  그렇지 않으면

회화해석

A 너 왜 울상이니?

B 정말 짜증나, 내 남친은 너무 소심해, 늘 작은 일로 나랑 다투잖아.

A 너 모르니? 일반적으로 남아서 너랑 다투는 사람이 진정으로 너를 사랑하는 사람이라는걸.

B 됐어, 다 일부러 지어낸 말이야.

A 세상에는 100점 짜리 상대는 없어, 50점 짜리 상대만 있을 뿐이야. 내 보기에 너도 네가 어떤 부분에서 상대를 기분나쁘게 하지 않는지 생각해 볼 필요가 있어.

B 내 생각에 내가 그보다 더 상대를 마음에 두는 것 같애.

A 내 생각에 네가 그보다 상대를 더 마음에 두는 것이 아니라 네가 상대를 너무 깊게 생각하는거야.

B 아마 그렇겠지.

A 손을 놓아야 할 때 놓아야지 안그러면 상처받는 건 아무래도 너 자신이야.

B 말하기는 쉬워도 실행하자니 어렵네. 아이…….

- 春天到了，小树发芽了，股市也跟着变绿了。

  Chūn tiān dào le, xiǎo shù fā yá le, gǔ shì yě gēn zhe biàn lǜ le.

  봄이 오고 나무에 새 잎이 돋으니 주식 시장도 따라서 녹색으로 변하네.

- 冷漠，有时候并不是无情，只是一种逃避被伤害的工具！

  Lěng mò, yǒu shí hou bìng bú shi wú qíng, zhǐ shì yì zhǒng táo bì bèi shāng hài de gōng jù.

  냉정함이란 때에 따라 무심한 것이 아니고 상처를 입지 않게 하는 도구일 뿐이기도 하다.

- 如果我们之间有1000步的距离，你只要跨出第1步，

  Rú guǒ wǒ men zhī jiān yǒu 1000 bù de jù lí, nǐ zhǐ yào kuà chū dì yī bù,

  我就会朝着你的方向走其余的999步。

  wǒ jiù huì cháo zhe nǐ de fāng xiàng zǒu qí yú de 999 bù.

  만약 우리 사이에 천 발자국의 간격이 있다면 말이지, 네가 첫 발만 내딛어 봐,

  내가 네 쪽으로 그 나머지 구백 구십 아홉 발자국을 옮겨 갈 테니.

- 出来混，迟早都是要还的。

  Chū lái hùn, chí zǎo dōu shi yào huán de.

  밖에서 떠돌더라도 조만간 다 돌아가더라.

내 듣고 쓰는 능력은 어느 정도?

A 1) [_____] 的，怎么了？

B 真是 2) [_____]，我想我的男友太小气了。总为小事儿跟我争吵。

A 你不知道吗？ 通常愿意留下来跟你争吵的人，才是真正爱你的人！

B 算了吧，那都是 3) [_____] 编的。

A 世上没有100分的另一半，只有50分的两个人。我看你也想想你的有些

　　方面是不是让他很不喜欢。

B 我感觉我比他更 4) [_____] 对方。

A 我看不是他不在乎你，而是你把他看得太重了。

B 可能是吧。

A 该放手的时候放手，5) [_____] 受伤的还是你自己。

B 说的 6) [_____] 做起来难啊，哎……。

병음순

신조어
모음

A

爱国 aì guó 하는 일이 사리에 맞거나 착실하다, 혹은 영어를 잘 못하다

爱情走私 ài qíng zǒu sī 바람피다

爱心 ài xīn 돈만 좋아하고 양심이 없는 사람을 말함

暗箱操作 àn xiāng cāo zuò 뒤에서 권리을 남용하여 부정하게 조작한다는 뜻

B

拔份 bá fèn 수단과 방법을 가리지 않고 자기의 위신, 지위를 높이는 것을 말함

白菜 bái cài 아름다운데 좀 바보스럽게 보여지는 여성

白骨精 bǎi gǔ jīng 白领+骨干+精英로 아주 똑똑하고 능력있는 화이트칼라

白萝卜 bái luó bo 외모도 지극히 평범하고 공부도 가정 형편도 지극히 평범한 학생

白情节 Bái qíng jié 화이트데이

扮靓 bàn liàng 굉장히 예쁘게 꾸미다

斑竹 bān zhú 운영자, 관리자

拌酷 Bàn kù 쿨하게 꾸미다

暴走族 bào zǒu zú 폭주족

曝光 bào guāng 은밀한 비밀이나 어떤 사람을 다른 사람 앞에 까발리다

煲电话粥 bāo diàn huà zhōu 오랫동안 전화를 하다(수다를 떨다)

杯具 bēi jù 悲剧 (비극)

冰点 bīng diǎn 별로 주목을 못받고 무시당하다

跛鸭 bǒ yā 곧 직위를 상실하다

博客 bó kè Blog 블로그

崩盘 bēng pán 주가붕괴

no three no four(不三不四) 공부는 하지 않고 노는 아이들 즉, '껌 좀 씹는' 아이들

C

菜鸟 cài niǎo 게임이 서툰 사람

草食男 Cǎo shí nán 초식동물마냥 온순한 피동적인 남성

草莓族 cǎo méi zú 부모의 과잉보호 속에서 자라난 아이들

炒 chǎo 짤리다, (주식 등을) 하다

超 chāo 정도가 범상치 않거나 그 정도가 극에 달함

车奴 chē nú 많은 대출을 받아서 차를 사는 사람

乘电梯 chéng diàn tī 주가가 올랐다가내렸다가 하는 시세를 말함

吃青春饭 chī qīng chūn fàn 젊음 한 때를 빌어 돈을 벌다

充电 chōng diàn 자기의 부족한 부분을 공부해서 채워넣다

冲浪 chōng làng 온라인 서핑

出来混，迟早都是要还的。Chū lái hùn, chí zǎo dōu shi yào huán de.
밖에서 떠 돌더라도 언젠가는 돌아가게 되어있다.

春天到了，小树发芽了，股市也跟着变绿了。Chūn tiān dào le, xiǎo shù fā yá le, gǔ shì yě gēn zhe biàn lǜ le. 봄이 와서 나무에 새 싹이 돋아나고, 주식시장도 역시 녹색으로 변하다.

D

大跌眼镜 dà diē yǎn jìng 굉장히 놀라다

大虾 dà xiā 菜鸟의 반대말

大众情人 dà zhòng qíng rén 충실하지 않은 사람, 혹은 많은 사람들의 사랑을 받는 사람 예를 들면 연예인이나 스포츠 스타

大虾 dà xiā 인터넷 중독자나 컴퓨터기술 혹은 문장 실력이 특히 대단한 사람

打酱油 dǎ jiàng yóu 정치나 어떤 민감한 문제를 회피할 때 쓰는 말

打太极拳 dǎ tài jí quán 거절하다, 책임감이 없다

打铁 dǎ tiě 게시판에 글을 올리다

倒 dǎo 충격적인 일을 당했을 때 몸을 가누지 못하고 넘어지다

第一桶金 dì yī tǒng jīn 경제활동에서의 첫 발자국을 말함

顶 dǐng 영어로 up이라는 뜻. 맞선다는 뜻

冬瓜 dōng guā 뚱뚱한 사람을 비유할 때 쓰는 말이다

短路 duǎn lù 감각이 둔하고 유머감각이 없다

多米诺骨牌 duō mǐ nuò gǔ pái 연쇄반응 혹은 도미노현상

E

Emo族 zú 내성적인 성격에 심리적으로 소심한 청소년그룹을 말한다

F

发飙 Fā biāo 1.충격을 받아서 실성하다 2.갑자기 분발하다

范跑跑 fàn pǎo pǎo 자기의 이익과 안위 만을 생각하는 사람

防火墙 fáng huǒ qiáng 바이러스 방지 시스템

非常 fēi cháng 1.(부사)대단히, 아주 2.(형용사)대단하다, 비범하다

粉丝 fěn sī 팬

负翁 fù wēng 빚쟁이

G

跟帖 gēn tiě 답장, 영어의 Re

公司驻虫 gōng sī zhù chóng 일 벌레, 회사 벌레

狗仔队 gǒu zǎi duì (=**拍拍垃圾** pāi pāi lā jí) PAPARAZI, 파파라치

挂 guà 게임에서나 실제생활에서 인물이 사망했을 때 혹은 어떤 일에서 실패를 했을 때 쓰는 표현

割肉 gē ròu 손해를 보는걸 알면서 주식을 팔다

good good study, day day up (**好好学习，天天向上** hǎo hāo xué xí, tiān tiān xiàng shàng) 공부를 열심히 해서 하루하루 향상되다

H

海龟 hǎi guī 해외파

海带 hǎi dài 해외유학을 마치고 돌아와서 직장을 기다리는 사람

汗 hàn 놀란 후 어색하고 할 말이 없을 때 쓰는 말

很冷 hěn lěng (**滑雪** huá xuě) 농담이 썰렁할 때 쓰는 말

烘焙鸡 hōng bèi jī 개인홈피를 말함

花落谁家 huā luò shéi jiā 최종승자는 누구일까?

花心萝卜 huā xīn luó bo 감정에 충실하지 못한 사람

J

90753 (**叫你吃午饭** jiào nǐ chī wǔ fàn) 너를 불러서 점심을 먹다

见光死 jiàn guāng sǐ 보기만 하면 죽는다. 접촉만 하면 죽는다 (인터넷사랑을 말함)

酱子 jiàng zi 이렇게

囧 Jiǒng 표정을 나타내는 부호인데 어색하고 무안할 때 사용. 대만에서부터 시작해서 홍콩을 통해 대륙으로 전파됨(인터넷 용어)

俊男靓女 jùn nán liàng nǚ 용모가 준수한 선남선녀

经济适用男 jīng jì shì yòng nán 경제적 능력이 비교적 뛰어난 남성

K

考霸 kǎo bà 열심히 여러 종류의 시험을 보고 그 시험결과는 항상 우수한 사람을 말함

可爱 kě ài 사랑할 사람이 없어 불쌍하다

孔雀 kǒng què 자신을 좋아하는 것으로 착각하는 것

孔雀女 kǒng què nǚ 인터넷상에서 도시의 아이들

蔻 Kòu 1.원래뜻은 귀엽다 2.**酷** kù 보다 더 酷하다의 뜻

L

冷漠，有时候并不是无情，只是一种逃避被伤害的工具！

Lěng mò, yǒu shí hou bìng bu shi wú qíng, zhǐ shì yì zhǒng táo bì bèi shāng hài de gōng jù.

무관심은 때로 무정한 것이 아니고 상처를 피하는 도구의 일종이다

赖校族 lài xiào zú 졸업하지 않고 학교에 남아있는 학생

雷 léi 굉장히 공포스럽거나 메스껍거나 굉장히 놀랄 때 쓰는 말

猎头 Liè tóu 고급인력 검색

邻家女孩 lín jiā nǚ hái 평범한 여자아이

驴友 lú yǒu 배낭여행 동반자

M MPJ (马屁精 mǎ pì jīng) 아첨쟁이

呆呆 méi 굉장히 바보스럽다는 뜻

美眉 měi méi 용모가 괜찮은 여학생 (인터넷 상)

没女 méi nǚ 몸매도 안되고 젊지도 않으며 저학력에 돈까지 없는 여성

闷骚 mēn sāo 가식적이다, 겉으로는 굉장히 착한 척 하지만 사실은 이와 반대이다

梦中情人 mèng zhōng qíng rén 꿈속의 연인

面霸 miàn bà 이력서를 넣고 면접보고 계약하고 계약 파괴하고를 반복하는 사람

魔鬼身材 mó guǐ shēn cái 아주 럭셔리하면서 섹시한 표준형 몸매

N 耐看 nài kàn 얼굴만 이쁜 것이 아니라 품위있고 귀엽고 하여간 漂亮으로는 표현이 부족할만큼 다방면의 아름다움을 갖췄을 때 쓰면 된다

牛 niú 재간있고 실력이 보통을 뛰어넘다

牛市 niú shì 주가가 오를 때의 좋은 시세

酿子 niàng zi 저렇게

NONO族 NONO zú 짠돌, 짠순

P 派 pài 영어PIE의 음역이다. 패기 있고 멋지다는 뜻

派对 Pài duì 파티

拍砖 pāi zhuān 발언하고자 할 때

跑 pǎo 정성과 상당한 공을 들여 큰 돈을 벌려고 뛰어다니다

霹雳 Pī lì 굉장히 놀라다

飘一代 piāo yí dài 자유스러운 생활을 하는 부류 (바람 같은 삶을 원하는 사람)

拼客 pīn kè 공동체 생활을 하면서 함께 어떤 활동을 하다, 같이 소비하고 함께 밥 먹고 방을 같이 쓰면서 그 비용을 같이 지불하다

劈腿 pī tuǐ 감정에 충실하지 않다

Q

7456 (**气死我了** qì sǐ wǒ le) 진짜 화난다

切 qiè 상대방의 말이나 행동에 불만을 표할 때 쓰는 말

潜水艇 qián shuǐ tǐng 무식하다

潜水员 qián shuǐ yuán 다른 사람이 '물' 먹는 것을 구경하기 좋아하고 자기는 '물' 을 먹지 않는 사람

跷课 qiāo kè 수업을 빼먹다

擒人节 qín rén jié 임시로 아무나 골라 발렌타인데이를 보낸다.

青菜 qīng cài 캠퍼스 내에서 경제적으로 넉넉치 않고 바보스러운 학생

情圣 qíng shèng 연애박사 (사랑을 받는 사람)

情剩 qíng shèng 情圣과 거의 반대성향을 가진 사람 (사랑을 주는 사람)

青蛙 qīng wā 못생긴 사람

R

人柴 rén cái 인간 쓰레기

人肉搜索 rén ròu sōu suǒ 글의 유래나 출처를 검색하는 것

人在高三，身不由己 rén zài gāo sān, shēn bù yóu jǐ 고3에 있으니 할 수 없는 일이다

肉食女 ròu shí nǚ 草食男의 반대 성격을 소유한 여성

如果我们之间有1000步的距离，你只要跨出第1步，我就会朝着你的方向走其余的999步。 rú guǒ wǒ men zhī jiān yǒu 1000 bù de jù lí, nǐ zhǐ yào kuà chū dì yī bù, wǒ jiù huì cháo zhe nǐ de fāng xiàng zǒu qí yú de 999 bù.
만약 우리 사이에 1000보의 거리가 있어, 네가 한 발자국만 앞으로 온다면 나는 너를 향해 남은 999발자국을 갈 것이다

润物女 rùn wù nǚ 자기 관리를 잘 할 줄 아는 여자

S

三明治人生 sān míng zhì rén shēng 결혼한 여성의 행복한 삶

三无伪海龟 sān wǔ wéi hǎi guī 해외생활 10여 년이지만 회사도 주식도 학위도 없는 말하자면 생존능력이 없는 해외파

37度男 37 dù nán 직업이나 모든 것이 안정된 남성

闪 shǎn 1.비키다 2.아름답거나 현란하고 눈부시다

闪婚 shǎn hūn 번개같이 결혼하고 번개같이 이혼하다

闪亮登场 shǎn liàng dēng chǎng 새로운 사물이 나타난 후 주목을 받는다는 뜻

山寨 shān zhài 모조품, 짝퉁

善良 Shàn liáng 변덕스럽고 양심이 없다

烧瓶族 shāo píng zú 쇼핑족

神童 shén tóng 정신이 이상한 아이

剩女 shèng nǚ 나이는 많지만 얼굴도 예쁘고 몸매도 좋고, 고학력에 돈까지 많은 여성

衰哥 shuāi gē 용모가 괜찮은 남학생(인터넷 상)

爽 shuǎng 기분이 통쾌하여 사람으로 하여금 기쁘게 빠져들 게 함

素面朝天 sù miàn cháo tiān 꾸미지 않은 매우 소박한 것

T 太平公主 Tài píng gōng zhǔ (여성이) 가슴이 작다

套牢 tào láo 주가가 하락하여 팔 수 없는 상황에 놓이다

特困生 tè kùn shēng 첫 수업부터 엎드려서 자는 학생

同志 Tóng zhì 남자 동성애자

天王巨星 tiān wáng jù xīng 연예계나 체육계에서 사랑받는 사람

跳槽 tiào cáo 직장을 나가다, 직장을 옮기다

跳水 tiào shuǐ 어떤 상품의 가격이 확 내렸을 때 사용하는 말

土食族 tǔ shí zú 본토에서 난 음식을 먹기를 좋아하는 사람을 말한다. 영어로 locavore

W 我T (踢 tī) 你 너를 발로 차다

54430 (我时时想你 wǒ shí shí xiǎng nǐ) 나는 언제나 너를 생각한다

53782 (我心情不好 xǒ xīn qíng bù hǎo) 난 기분이 나쁘다

0001000 (我很孤独 wǒ hěn gū dú) 나는 매우 고독하다, 주위에 사람이 없기 때문에

物超所值 wù chāo suǒ zhí 물건에 비해서 가격이 낮다

无龄美女 wú líng méi nǚ 실제 자기 나이로 보이지 않는 여성

X 西红柿 xī hóng shì 1.영광 2.대학교 4학년학생

下课 xià kè 직업을 잃다(프로 감독 등)

咸鱼翻身 xián yú fān shēn 짧은 시간에 상황이 안 좋은 쪽으로부터 좋은 쪽으로 변했을 때 하는 말

小菜一碟 xiǎo cài yì dié 아주 쉽게 해결할 수 있다

小泉 xiǎo quán 소변

新新人类 xīn xīn rén lèi 20세기 80년대 이후에 태어난 사람들

心碎假 Xīn suì jià 애인과 헤어지고 내는 휴가

熊猫烧香 xióng māo shāo xiāng 컴퓨터 바이러스의 일종

炫酷 Xuàn kù 눈부셔서 주목받고 유행하다

血本无归 xuè běn wú guī 본전을 모두 투자해서 하나도 못 건지다

Y

研究国粹 Yán jiū guó cuì (**学习文件** xué xí wén jiàn) 마작을 하다

艳照门 yàn zhào mén 누드사진

野鸡 Yě jī 기생

野鹅族 Yě é zú 기러기 족

一步到位 yí bù dào wèi 한가지 경로를 거쳐서 일을 처리한다는 뜻

一头雾水 yì tóu wù shuǐ 냉수를 끼얹다, 멍하다

一网情深 yì wǎng qíng shēn 사이버 상에서만 오직 한마음으로 사랑한다는 뜻

一夜情 yí yè qíng 하룻밤 사랑

婴儿 yīng er 파렴치하고 비열하고 저질스럽다

邮件炸弹 yóu jiàn zhà dàn 상대방의 컴시스템을 아는 상황에서 이메일을 발송하여 상대방의 정보를 파괴하는 컴바이러스

鱼干女 Yú gān nǚ 건어물女

月光族 yuè guāng zú 매 월(月月)마다 버는대로 다 써버리는 (用光) 부류

月老族 yuè lǎo zú 월 초에는 돈이 좀 있으니 그 돈을 다 쓰고 월 말에는 부모에게 손을 내미는 젊은 층들

晕 yūn 1.감탄사 혹은 동사 2.한국어의 돌아버리다와 비슷한 뜻

Z

早恋 zǎo liàn 아침 단련

种草莓 zhòng cǎo méi 키스하다

知本家 zhī běn jiā 주식이나 어떤 분야에 지식을 많이 가지고 돈을 많이 버는 사람

286 (智商低 zhì néng dī) 지능지수가 낮다

猪头 zhū tóu 사람이 좀 바보스럽게 놀거나 좀 못생긴 사람

搬砖 zhuān pán 열심히 글 쓰고 발언할 때

중국어 첫 데이트

한국외대 통번역대학원 졸, 중국어 동시통역사 저자진

저자 : 김태희, 이예리

부록 : 보이스북CD, 간체자쓰기노트, 녹음스크립트와 단어장

정가 : 14,000원

신일본어능력시험 'N1, N2, N3'

JLPT KING 시리즈 (9권)

언어지식 **독해** **청해**

저자 : 김기범, 김희박, 신재훈

공동개발 : 신일본어능력시험연구소

부록 : EBOOK CD, 모의테스트 3회분

정가 : 언어지식(20,000원), 청해(15,000원), 독해(13,000원)

중국의 젊은이들이 자주 사용하는 신조어(약어,외래어,함축어 등)를 이해하기 쉽
고 재미있게 설명하였으며, 신조어를 활용한 예문을 배우면서 고급스럽고 세련된
중국어회화를 배울 수 있는 새로운 방법의 중국어회화책!

저자가 직접 다니면서 현지 촬영한 사진으로 편집함으로써 더욱 생동감 있는 책으로
탄생!
생소하고 어렵게 보이는 중국어단어와 회화문을 귀엽고 예쁜 삽화로 처리함으로써 지
루하지 않게 중국어회화를 배울 수 있는 책!

9 788931 519518

13720

ISBN 978-89-315-1951-8

정가 13,800원